KB273233

교실 밖
경영학

교실 밖 경영학

김상용 지음

톤트

경영학은 단순히 기업에만 적용되는 학문이 아니다. 경영학 교수로 30년 넘게 강단에 서면서 학문의 많은 부분을 개인의 인생에도 적용하면 도움이 될 것 같다는 생각을 해왔다. 경영학 전공자들이 보면 이미 아는 이야기도 많겠지만 인생이 답답하고 어디로 가고 있는지 확신 없이 헤맬 때, 바로 앞의 작은 어둠이라도 밝혀 주는 불빛이 되었으면 좋겠다는 바람으로 썼다.

2024년 가을, 학장 보직을 마치고 다시 평교수로 강의실에 돌아오니 정년 퇴임까지 남은 햇수가 한 손에 꼽힌다. 어느덧 30년 차 교수가 되어 있었다. 쌓인 시간에 비례해 변해 가는 수업 분위기가 마음에 많이 걸린다. 해가 갈수록 질문이나 꼭 필요한 발표조차 하지 않고 침묵을 지키는 학생들이 많아진다. 코로나19를 겪어서라고 하지만 그냥 그런 학생들이 너무 많다. 수업 중에 나와 눈을 전혀 마주치지 않는 학생도 많다. 자신의 생각을 남들 앞에서 이야기하고 다른 학생의 이야기를 듣고 자신의 의견을 스스럼없이 이야기하는 토론식 수업을 진행하는 데는 점점 더 어려움이 많아진다.

여기에 더해서 예전에는 상상조차 안 했던 새로운 유형의 질문에 순간 멈칫하기도 한다. 강의 중에 방금 언급한 내용이 챗GPT나 AI가 알려준 내용과 다르다면서 어느 것이 맞냐는 질문을 실시간으로 받을 때 그렇다. 오랜 연구와 강단 경험은 주저 없이 AI가 틀린 부분을 바로잡지만 조만간 학습력이 향상된 AI가 출현하여 학생들이 질문을 하는 것이 아니라 내가 틀린 부분을 지적하는 순간으로 변할 것 같다. 그렇다면 지식 전달은 AI가 더 정확하게 할 것이니 교수는 지식이 아닌 경험을 전달해야 하는 게 아닐까 하는 생각이 든다. 2025년 내내 수업을 하면서 이런 생각이 계속 일어나며 나의 경험을 글로 남기고 싶은 마음에 용기를 북돋았다.

"시험 출제 경향에 대해서 이야기해주세요." 개강 첫날부터 이런 말을 들으면 과연 학생들이 수업에 관심이 있는 것인지 의문스럽다. 요즘 학생들은 시험과 학점에서 더 좋은 성과를 내는 것에만 몰두하는 경향이 크기 때문일까? 수업 시간에 교수가 교과목과 상관없는 이야기를 하는 것을 싫어하는 학생이 예전보다 많아진 것은 분명하다. 처음 교수로서 강단에 섰던 때와 비교하면 강의실에서 수업 내용 외의 이야기를 좀처럼 하지 못하는 현재 상황이 늘 안타깝다.

나의 학창 시절을 뒤돌아보면 교과 내용이 아니라 교수님께서 했던 사람 냄새 풍기는 삶에 대한 이야기가 많이 남아 있다. 그 속에는 한 걸음씩 인생을 살아낼 때 도움이나 깨달음을 준 이야기가 상당히 많다. 나는 현재 학생들에게 기억에 남을 만한 이야기를 하고 있을까? 보통 매 학기 종강 때 약간의 시간을 할애해서 꼭 도움을 주고 싶은 이야기를 한다. 학생들이 지금 그토록 중요하게 생각하는 학점이 긴 인생에서 보면 그리 중요한 것도 아닌데 정말 중요한 것에 대한 이야기를 충분히 하지 못하고 끝내는 학기 종강 수업은 늘 아쉬움이 남는다.

강단에서 그동안 다 나누지 못했던 많은 이야기를 지면으로나마 학생들에게 나누어 주고 싶어 글을 쓰기 시작했다. 쓰다 보니 삶을 회고하는 이야기 같기도 하다. 아직 정년 퇴임도 안 했는데 이런 글을 써도 되나 싶기도 하지만 결론은 "지금 쓰자"였다. 기억이 생생한 바로 지금, 하고 싶은 말을 써 두자. 은퇴 후에는 신나게 "노는" 새로운 삶에 집중하자고 다짐했다.

AI로 인해 격변하는 교육 현장 속에서 비판적 사고, 창의성, 공감 능력, 윤리성 등 AI가 갖지 못하는, AI가 가져서는 안 되는 인간만의 역량을 배양하는 일은 정말 중요하다. 그런 측면에서 이 책이 조금이라도 도움이 되기를 소망한다. 대기업 취업을 위해서, 회계사 시험이나 로스쿨 입학시험에 목숨 걸고 공부하는 학생들을 보면서 걱정이 앞선다. 이들이 취업 고시에 재수와 삼수로 시간을 쓴 후에 회계사, 변호사 등 자격증을 가지고 사회에 첫발을 내딛고자 할 때, 과연 이들을 위한 직장을 AI가 남겨 놓았을까?

지금 청년들에게 필요한 것은 컴퓨터 코딩이나 프로그래밍이 아니다. AI 관련 과목을 수강해서 좋은 학점만 성적표에 남기는 것은 더더욱 핵심에서 벗어나는 일이다. 진짜 관심을 가져야 하는 것은 AI가 대체하지 못하거나 대체의 우선순위가 뒤로 밀리는 산업을 찾는 일이다. 경영학 공부를 통해서 이런 질문에 대한 답을 할 수 있는 역량을 길러야 한다. 그래야 미래를 대비할 수 있다. 자신만의 역량을 개발하여 특히 중소기업에서 또는 제3세계를 포함한 해외에서 실전 경험을 조금이라도 빨리, 많이 쌓는 것이 사회 초년생들에게 매우 중요한 세상이 바로 지금 전개되고 있음을 학생들이 알고 있는지 모르겠다. 실전 경험, 비판적 사고, 창의성, 공감 능력, 윤리성… 이런 것이 부족하면 미래는 없다고 해도 과언이 아니다.

가급적 전공 분야로 국한해서 글을 썼다. 간혹 타 분야의 이야기를 할 때는 철저하게 나의 경험을 토대로 하는 것이니 확대해석은 하지 않기를 바란다.

2025년 봄과 가을에 어김없이 주말마다 비가 왔다. 덕분에 연구실에 진득하게 앉아 원고를 쓸 수 있었다. 원고 쓰기를 게을리하지 않고 생각을 정리하게끔 응원을 보내준 토트출판사 식구들과 만날 때마다 지혜를 주시는 박혜란 선생님께 감사의 마음을 전하고 싶다.

남산의 서울타워가 보이는 연구실에서

고려대학교 경영대학 교수 김상용

PART 3 ✦ 관계경영

PART 6 ✦ 성장과 성찰

자기경영

Self-Management

환경은 주어지는 것이지만
방향은 스스로 만드는 것이다

의지가 길을 만들고
행동이 미래를 바꾼다

"나를 경영한다"는 말은 거창한 비전으로 시작하지 않는다. 불합리한 환경 속에서 하루를 어떻게 버티며 무엇을 바꾸고 무엇을 감수할지 스스로 결정하는 일에서 출발한다. 인생의 방향을 바꾸는 것도 결국 단 한 번의 결심이 아니라 겹겹이 쌓인 작은 준비와 실행의 결과물이다. 아이러니하게도 그 사실을 처음 깨달은 것은 고등학교를 다니던 10대 시절이었다.

나는 영화 〈말죽거리 잔혹사〉, 〈두사부일체〉의 배경이 된 상문고를 다녔다. 당시의 상문고는 솔직히 말하면 교육기관이라는 이름이 무색할 정도였다. 이유 없는 체벌이 일상이었고 더없이 예민했던 감수성 덕분에 매일같이 수치심과 좌절을 경험해야 했다. 고등학교 3학년 첫날 담임선생님이 "지금부터 너희는 사람이 아니다. 공부하는 기계다"라고 말했을 때는 정말로 그 자리에서 뛰쳐나가고 싶었다. 이미 2년이나 사람 취급도 받지 못한 채 버텼는데…. 선생님의 말은 내 안의 조용한 반항심을 깨웠다.

그 시절 특히 기억에 남는 수업은 교련 시간이다. 시작은 늘 선착순 달리기였고 10등 단위로 탈락자를 가려 다시 달리게 했다. 체력이 약했던 나는 매번 두세 번은 더 달려야 탈출할 수 있었다. 나 혼자만 그런 것은 아니었다. 나중에 서울대 법대에 진학해 검사가 된 단짝 친구도 늘 옆에서 헐떡이며 달렸다. 공부는 상위권이었지만 운동에서는 늘 뒤처진 학생이었다. 1학기가 끝나고 여름방학이 시작되면서 우리는 더 이상 끌려다니지 않기로 결심했다. 매일 새벽 동네 중학교 운동장에서 뛰고 30분씩 농구를 하며 40일을 채웠다. 돌이켜 보면 그것은 단순한 체력 훈련이 아니라 청소년기에 처음 스스로 세운 전략과 실행이었다.

경영학에서 전략은 목표를 향한 경로이고 실행력은 경로를 끝까지 걷는 힘이다. 우리는 감정에 휘둘리지 않고 현재의 약점을 냉정히 직시했으며 현실을 바꾸기 위한 작은 실험을 했다. 학교라는 환경은 바꾸기 어렵지만 태도와 습관은 스스로 설계할 수 있었다. 2학기 첫 교련 시간, 결과는 바로 나타났다. 여느 때처럼 선착순 달리기는 시작됐고 우리는 단숨에 3등과 4등으로 체벌 같은 달리기에서 빠져나왔다. 친구도 나도 선생님도 놀랐다. 환경은 여전히 똑같았지만 경로가 바뀐 것이다. 의지가 길을 만들고 행동이 미래를 바꾸었다.

선착순 달리기는 중요한 교훈을 남겼다. 환경이 불합리할 때 가장 먼저 해야 할 일은 불평이 아니라 준비라는 것. 피터 드러커의 말처럼 계획은 예측이 아니라 준비다. 미래를 정확히 알 수는 없지만 준비는 지금 당장 할 수 있다. 준비가 곧 방향이 된다. 나는 그 이후 어떤 구조

불합리한 환경에서 실행을 설계하는 법

환경이 바뀌지 않을 때 필요한 것은 의지가 아니라 설계다. 자기경영은 분노가 아니라 끝까지 버틸 수 있는 경로를 만드는 일이다.

- **통제 가능 영역 분리**
  지금 상황에서 내가 통제할 수 있는 것은 무엇인가?

- **최소 실행 단위 설정**
  오늘 당장 실행 가능한 가장 작은 행동은 무엇인가?

- **최악의 경우 점검**
  이 선택이 실패해도 다시 시도할 여지는 남아 있는가?

- **반복 가능성 확인**
  이 행동을 몇 주간 반복할 수 있는가?

속에서도 바로 포기하거나 체념하기보다 작은 돌파구라도 설계하는 습관을 갖게 되었다. 때로는 저항의 형태거나 때로는 묵묵한 인내였지만 선택이 쌓여 방향을 만들었다. 돌이켜 보면 상문고가 내게 준 가장 큰 자산은 지식이 아니라 말도 안 되는 '선착순' 벌칙 속에서 얻은 근성과 실행력이었다.

자기경영은 완벽한 환경이 갖추어져야 시작되는 계획이 아니다. 지금 있는 자리에서 할 수 있는 준비를 하고 오늘 결정한 작은 실행을 매일 반복하는 힘이다. 방향을 고민하는 사람과 방향을 바꾸는 사람의 차이는 생각의 차이가 아니라 실행의 차이다. 당신에게 전하고 싶은 메시지도 이 한 가지다. 인생의 방향을 바꾸고 싶다면 오늘 당장 움직일 수 있는 한 걸음을 먼저 설계하라. 그것이 자기경영의 시작이다.

가장 무서운 경쟁자는
나의 가능성을 모르는 나

사람들은 살아가며 자신에게 두 가지 질문을 던지곤 한다. "나는 무엇을 하고 싶은가?" "나는 무엇을 잘하는가?" 특히 젊을수록 질문의 울림이 크다. 하고 싶은 일을 찾아내고 잘 해낼 수 있기를 기대하면서 방향을 잡는다. 누구나 마음속에는 이런 바람이 있다. 하고 싶은 일을 잘할 수 있다면 얼마나 좋을까. 좋아하는 일을 능숙하게 해내는 삶은 많은 이들이 꿈꾸는 이상이다.

하지만 인생은 그리 호락호락하지 않다. 좋아하는 일과 실제로 잘하는 일은 대체로 일치하지 않는다. 좋아서 빠져드는 일과 실제로 성과를 낼 수 있는 일은 어긋난 채 삐걱대는 경우가 더 많다. 그래서 더더욱 혼란스럽다. 무엇을 따라야 할지 판단이 쉽지 않다.

가능하면 젊을 때는 하고 싶은 일을 먼저 해보는 것을 권한다. 왜냐하면 젊을수록 실패를 감당할 여유가 있고 방향을 바꿀 시간도 충분하기 때문이다. 하고 싶은 일을 마음껏 하는 경험은 그 자체로 성장의 자산이 된다. 실패도 자산이 되고 방황도 결국에는 길을 넓히는 역할을 한다.

어느 순간, 계속해서 바라는 일이 더 이상 손에 닿지 않는다고 느껴질 때가 온다. 자연스럽게 또 다른 질문을 던진다. "이제는 내가 잘하는 것을 선택해야 할까?" 그때가 바로 전환점이다. 사람들은 누구나 잘하는 무언가를 하나쯤 갖고 있다. 타고난 능력일 수도 있고 시간을 들여 반복해 얻은 숙련일 수도 있다. 수준이 탁월하지 않아도 괜찮다. 잘한다는 것은 곧 실패 확률이 낮다는 뜻이기 때문이다.

여기서 경영학적 관점이 자연스럽게 스민다. 경영학에서 말하는 경쟁우위는 남들보다 상대적으로 잘하는 것, 실패할 가능성이 낮은 것, 나만의 강점이 되는 무언가를 의미한다. 마이클 포터는 경쟁우위를 다음 두 가지로 설명한다.

비용 우위 : 남들보다 적은 에너지로 결과를 내는 능력
차별화 우위 : 대신할 수 없는 고유한 가치를 만드는 능력

개인도 비슷하다. 어떤 사람은 한 번 들으면 바로 이해한다. 어떤 사람은 관계에 강하다. 누군가는 반복 업무를 지치지 않고 해낸다. 이는 모두 개인의 경쟁우위가 된다. 결국 경쟁우위란 지금의 나를 객관적으로 이해하고 잘하는 방식으로 싸우는 전략이다.

경쟁우위를 가지기 위한 중요한 관점이 하나 더 있다. 자원 기반 관점(resource based view)이다. 기업이 외부 기회를 무턱대고 쫓는 대신 이미 가진 자원과 역량을 깊이 활용해 장기 경쟁력을 만드는 전략이다. 개인에게 적용하면 이렇게 말할 수 있다.

내가 가진 경험과 기술은 무엇인가?
어떤 환경에서 나는 더 잘 활동하는가?
다른 사람이 쉽게 모방할 수 없는 나만의 방식은 무엇인가?

"가장 무서운 경쟁자는 남이 아니라 나의 가능성을 모른 채 사는 나 자신이다." 현대 리더십 연구의 아버지라 불리는 워런 베니스의 말이다. 질문에 답하는 과정은 스펙을 늘리는 일이 아니다. 내가 쌓은 경력의 본질을 구조화하는 일이다. 세상이 요구하는 역량에 맞추려 애쓰기보다 이미 가지고 있는 잠재 자본을 이해하고 인정하는 일에서부터 자기경영을 시작하자.

소위 성공한 사람들을 보면 화려하게 비상한 사람도 있지만 조용히 꾸준히 걸어온 사람도 많다. 특히 위기 상황에서 살아남은 사람들의 공통점은 그들이 끝까지 무너지지 않았다는 점이다. 코로나19 이후의 많은 사례가 증명한다. 대단히 혁신적이어서가 아니라 버텼기 때문에 살아남았다. 성공은 실패하지 않고 버틴 끝에 주어진 결과다.

현대는 한 가지 일만 하며 살아가기에 인생이 너무 길다. 다중 경력 시대, 제2의 직업, 은퇴 후 삶이라는 말이 더 이상 낯설지 않다. 그렇다면 하고 싶은 일을 인생의 앞머리에 두기보다 내가 잘하는 일로 기반을 다진 뒤 그다음 단계에서 하고 싶은 일을 시도하는 것이 더 현실적일 수도 있다. 원하는 일을 하기 위해 기초 체력을 쌓는 것이다. 탐색과 활용의 균형, 이것이 전략이다.

원하는 삶의 형태를 위해 각자의 리듬에 맞게 순서를 설계하는 일에서 자기경영이 시작된다. 경쟁우위는 멀리 있지 않다. 남보다 빛나는 경쟁우위는 새로 만들어내는 능력이 아니라 이미 가진 것을 제대로 이해하고 배치하는 힘이다.

- **성과 경험 추출**
  반복해서 성과가 났던 나의 경험과 기술은 무엇인가?

- **성과 조건 확인**
  나는 어떤 조건에서 성과가 더 잘 나오는 사람인가?

- **비대체성 점검**
  다른 사람이 쉽게 대체하기 어려운 나만의 방식은 무엇인가?

- **증명 무대 설정**
  앞으로 3개월, 이 강점을 증명할 무대는 어디인가?

능력을 억지로 찾는 것이 아니라 이미 내 안에 있는 본질을 이해하는 데서 출발한다.

적성은 찾는 것이 아니라 지워 가며 남기는 것이다

대학생이 되어 첫 전공 수업을 듣고 나면 누구나 한 번쯤 이런 고민을 한다. "내가 이걸 평생 할 수 있을까?" 고등학교까지는 주어진 과목을 따라가기만 하면 되고 전공 선택도 많은 경우 수능 점수가 허락하는 범위 안에서 결정된다. 적성에 의한 선택이라기보다는 구조가 밀어 넣은 선택이다.

나도 그랬다. 마케팅을 전공했지만 처음부터 특별한 재능이 있었다거나 열정을 느꼈던 것은 아니다. 회계나 재무처럼 숫자로 승부하는 과목이 버거웠고 마케팅이 그나마 덜 힘들었다. 마케팅을 잘했다기보다는 "덜 못했다"는 말이 맞다.

대학원에서 경영학을 처음 체계적으로 접했을 때도 마찬가지였다. 한국에서 경험하지 못한 토론 중심의 수업, 뛰어난 동료들, 날 선 질문들. 모든 분야가 어렵게 느껴졌다. 그러나 이상하게도 마케팅만은 조금은 이해가 되는 분야였다. 그때 깨달았다. 적성은 찾는 것이 아니라 지워 가며 남기는 것이다.

경영학에서는 수많은 아이디어 중 실행 불가능한 것을 먼저 걸러 내는 스크리닝(screening) 개념이 유용하게 쓰인다. 진로도 마찬가지다. '딱 맞는 정답'을 찾기보다 확실히 아닌 것을 먼저 지워야 한다. 나는 잘하는 것을 찾으려던 노력을 멈추고 못하는 것을 하나씩 지우기 시작했다. 마지막에 마케팅이 남았다. 그 순간 선택의 방식이 달라졌다.

대부분은 잘하는 것이 없다며 좌절하지만 나는 이렇게 생각했다. '마지막으로 남았다는 건 내가 그나마 숨 쉴 수 있는 곳이다. 여기서 승부하자.' 어느 분야에서 평균 이하를 한다면 그건 당신이 있을 곳이 아니라는 이야기다. 하지만 마지막에 남은 곳은 다르다. 그 지점에서는 밤을 새워 붙들 힘이 생기고 조금씩 이해가 쌓이고 흐릿하던 흥미가 어느 순간 신념으로 바뀐다.

요즘 많은 학생들이 '진짜 나'를 찾기 위해 휴학을 하고 여행을 하고 여러 경험을 쌓는다. 좋은 일이다. 하지만 몇 달 만에 나를 알아낼 수 있다고 생각하는 것은 비현실적이다. 평생 시험을 위해 달리다 갑자기 정체성을 묻는 시험지를 받아 든 셈이니 어려운 것은 당연하다. 생각을 바꾸자. 잘 모르겠다면 확실히 아닌 것부터 지우자. 그렇게 남은 하나에 죽기 살기로 매달려 보자.

적성은 직감이라는 이름으로 번쩍 떠오르는 것이 아니라 버티고 붙들고 지우고 남은 자리에서 조용히 드러난다. 피터 드러커는 이렇게 말했다. "강점에 집중하라. 강점만이 성과를 만든다." 강점은 하늘에서 떨어지지 않는다. 어느 날 문득 남은 것 중에서 보이기 시작할 뿐이다.

마케팅은 메시지가 아니라 사람의 태도다

나는 오랫동안 마케팅이 경영학에서 가장 역동적이고 실용적인 분야라고 믿었다. 기업이 실제로 매출과 이익을 만들어내는 최전선에는 언제나 마케팅이 있다. 철저한 시장조사, 정교한 전략 수립, 메시지 설계, 실행과 고객 경험 관리…. 이 모든 과정을 통해 고객은 브랜드를 인식하고 선택하고 다시 찾는다. 한때는 주저 없이 말했다. 마케팅이야말로 기업의 성패를 가르는 가장 강력한 무기라고.

그런데 실제로 조직을 이끌고 사람을 움직여보니 관점이 조금씩 달라졌다. 강의실에서 배운 완벽한 전략이 현장에서는 뜻대로 작동하지 않는 경우를 자주 보았다. 뛰어난 전략도 실행 주체가 주도적으로 고민하고 움직이지 않으면 종이에만 남았다. 반대로 전략이 다소 부족해도 전략을 실행하는 사람이 민첩하고 주인의식을 갖고 있다면 기대 이상의 성과가 나왔다. 어느 순간 스스로에게 물었다. "정말 가장 중요한 것이 전략일까?" "아니, 결국 가장 중요한 것은 사람이 아닐까?"

마케팅의 가치를 폄훼하려는 질문이 아니다. 오히려 그 가치를 현실로 만드는 사람이 더 결정적이라는 의미다. 게리 하멜은 말했다. "전략이 조직의 미래를 설계한다면 실행은 그 미래를 현실로 바꾸는 유일한 수단이다." 최고의 전략도 실행 없이는 움직이지 않는다. 전략과 실행은 하나의 축으로 연결된 바퀴인 셈이다.

같은 맥락에서 조직 경영의 본질은 사람이라고 생각한다. 인재를 어떻게 선발하고 배치하고 성장시키는가. 그들이 역량을 마음껏 발휘할 수 있는 환경을 어떻게 만들고 책임과 자율을 함께 부여하는가. 아무리 멋진 전략도 실행하는 사람 없이는 아무것도 바꿀 수 없다. 마케팅조차 결국 사람의 힘으로 완성되는 것이다.

삶을 살아오면서 이런 깨달음은 반복되었다. 젊을 때는 겸손이 미덕이라는 문화 속에서 자랐다. "익은 벼는 고개를 숙인다"는 말을 수도 없이 들으며 성장했고 스스로를 드러내지 않는 것이 점잖은 태도라 여겼다. 그러다 미국 유학 시절 처음으로 자기표현의 중요성을 절감했다. 카네기멜런에서 첫 학기, 말수가 적고 질문이 없던 나는 어느 날 부정행위 의심을 받았다. 토론에 참여하지 않는 아시아 학생을 이해하지 못했던 교수님은 시험 성적이 생각보다 잘 나오자 나를 따로 불렀다. 그리고 질문 세례를 퍼부었다. 나는 갑작스러운 질문에 당황했지만 완벽하지 않은 영어로나마 차근차근 답했고 교수님은 오해를 풀었으며 오히려 앞으로는 수업 초반에 내게 먼저 발언권을 주겠다고 배려했다. 그날 이후 알고 있어도 말하지 않으면 그건 모르는 것과 다르지 않다는 것을 배웠다.

오늘날 학생들은 매우 적극적이다. 질문하고 자신의 의견을 표현하고 존재를 드러낸다. 예전의 기억이 떠오르며 그런 모습이 참 반갑다. 과한 자기과시는 바람직하지 않지만 아무 말도 하지 않는 태도는 더 큰 문제일 수도 있다. 자신을 마케팅한다는 말은 꾸며낸 이미지를 만들라는 뜻이 아니다. 내가 가진 진짜 가치와 가능성을 세상이 볼 수 있도록 투명하게 조율하는 과정이다.

전통적인 4P(Product, Price, Place, Promotion)는 결국 '나'라는 브랜드에도 적용된다. 내가 가진 능력과 태도가 제품이고 나를 보여주는 방식이 홍보다. 자기 자신을 하나의 브랜드로 이해하고 운영하는 능력이 중요해지고 있다. 조용히 차례를 기다린다고 언젠가 알아주는 시대가 아니다. 내가 누구인지, 무엇을 할 수 있는지, 어떻게 기여할 수 있는지를 표현해야만 기회의 문 앞에 설 수 있다.

지금도 나는 마케팅을 중요하게 생각한다. 그러나 이제는 이렇게 말한다. "전략만으로는 충분하지 않다. 결국 중요한 것은 사람이고 실행이다." 최고의 전략은 사람을 통해 현실이 되고 가장 훌륭한 사람은 전략을 뛰어넘는 성과를 만든다. 조직에서뿐 아니라 개인의 삶에서도 원리는 똑같다. 내가 나를 제대로 알고 표현하고 성장하는 것이 자기경영이자 자기 마케팅이다.

자유와 규율을 균형 있게 설계하는 법

KAIST 교수 시절, 내 연구실이 다른 연구실 학생들에게 부러움의 대상이 된 적이 있다. 이유는 단순했다. 나는 학생들에게 매일 연구실에 앉아 있으라고 요구하지 않았다. 대신 단 하나의 원칙만 지켜달라고 했다. "약속한 시각까지 분석 자료를 책상 위에 올려놓기." 원칙만 지킨다면 밤새 일한 경우 다음 날 오전은 쉬어도 괜찮았다. 우리 연구실은 오래전부터 "자유롭게 그러나 규율은 지킨다"는 말을 공유했다.

연구실 불이 꺼지면 안 된다는 압박 속에서 순번제로 밤을 새우는 과거의 대학 문화는 언뜻 보면 열정적으로 보이지만 학생들을 소진시키는 경우가 많다. 나는 자유와 규율의 균형을 지키기 위한 이 원칙을 30년 가까이 관철하려고 노력했다. 원칙을 어기지 않는 한 까다롭게 굴지 않았고 가능하면 자율을 주었다. 학생들이든 아이들이든 스스로 결정하고 책임지는 존재로 자라기를 바랐다. 물론 아이들이 나의 원칙을 그대로 받아들였는지는 별개의 문제지만 아이들이 독립적인 존재로 성장하기를 바랐다.

이런 태도는 단순한 성향이 아니라 내가 공부한 사상의 연장선이다. 대학 시절 프랑스혁명사와 서양 사상사를 깊이 파고들며 자유주의에 공감했고 박사 논문에서도 정부 개입보다 시장 참여자의 자율적 판단과 윤리적 책임이 시장균형을 만든다는 점을 수리적으로 증명했다. 힘을 가진 쪽이 스스로를 절제하고 윤리적으로 행동할 때 시장은 자생적으로 균형을 찾는다.

원칙 없는 자유는 방임이고 기준 없는 규율은 통제다. 중요한 것은 자유와 규율의 긴장을 스스로 경영하는 능력이다. 경영학에서 말하는 지배구조 역시 개입을 최소화하되 스스로 움직일 수 있는 규칙과 문화를 설계하는 문제다. 세부 지침이 많을수록 사람의 판단력과 책임은 약해진다. 그래서 작은 정부와 자율 조정의 원리를 지지한다. 부모가 아이의 삶을 과도하게 통제하면 성장 기회를 빼앗듯 조직과 사회에서도 너무 많은 규제는 도전을 막고 실패에서 배우는 힘을 약하게 만든다. 말로는 혁신을 외치지만 실제로는 관성과 익숙함 속에서 움직이는 현실을 자주 볼 수 있다. 스타트업 생태계가 충분히 성장하지 못하고 한국의 대학 국제 경쟁력이 정체되는 이유도 이와 무관하지 않다.

혁신은 기존 질서를 무너뜨려서 혼란을 만드는 것이 아니라 불필요한 제약을 제거하고 새로운 질서를 설계하는 일이다. 예를 들어 KAIST는 한 달 빠르게 2월에 봄 학기를 시작하여 봄, 여름, 가을, 겨울 학사 일정을 학생 스스로 수강 또는 방학으로 선택할 수 있다. 학생들이 각자의 역량에 따라 학습에 집중하거나 휴학 없이도 실무 경험을 쌓을 수 있도록 하는 것이다. 기업은 이에 맞추어 인턴십을 효율적으로 운영할 수 있다. 단순한 변화를 통해 선택권은 넓어지고 경쟁력은 강화되었다.

한국의 많은 대학이 여전히 3월 개강과 긴 겨울방학을 고수한다.

난방비 때문이라는 과거 명분은 이미 옛이야기다. 현재는 냉방비가 오히려 부담이다. 익숙함이 혁신을 막는다는 것을 눈으로 확인할 수 있는 매우 가까운 사례다.

피터 드러커는 말했다. "혁신은 기회를 찾고 새로운 가치를 창출하는 행동이다." 이는 기업에만 해당하지 않는다. 교육, 조직, 개인에게도 적용된다. 자유롭게 생각하되 원칙은 분명히 지키고, 스스로 결정하되 책임을 감수하며, 규칙은 최소화하되 윤리는 확실히 세우는 것, 그것이 진정한 경쟁력을 만든다. 경영이란 자율과 규율 사이의 긴장을 균형 있게 다루는 일이다. 교육에서도 조직에서도 사회에서도 개인의 삶을 경영하는 일에서도 마찬가지다. 자유는 책임이 뒷받침될 때 지속된다.

공정은 의지가 아니라 시스템의 문제다

나는 선배도 스승도 없다. 단순히 무례한 선언이 아니다. 시스템 앞에서 모두가 평등해야 한다는 원칙에 대한 고백이다.

조직 운영에서 가장 바람직하지 않은 태도 중 하나는 순혈주의다. 학연, 지연, 사적 인연에 따라 의사 결정이 이루어지면 공정성과 효율성이 저해된다. 모교에서 교수를 하면 일이 자유롭지 않을 때가 많다.

발언이 조심스러워지고 관성적인 관례를 바꾸기 어렵다. 운 좋게도 나는 모교가 아닌 다른 여러 대학에서 교수 생활을 하고 있다. 덕분에 스승이나 선배의 눈치를 보지 않고 나의 의지에 따라 필요한 말을 하는 자유를 누렸다. 그 학교 출신이 아니라는 이유로 감내해야 할 불이익도 있긴 하지만 그 모든 과정이 나를 더 객관적인 위치에 서게 했다.

2021년부터 약 2년간 고려대학교 출판문화원의 원장직을 맡았다. 고려대학교 출판사의 대표이자 공식 발행인이다. 설립 65년 만에 처음으로 경영학 교수가 원장을 맡아서인지 총장의 요청은 명확했다. "전통을 지키되 경영학적 관점으로 지속 가능한 구조를 만들어달라."

가장 먼저 시스템에 손을 댔다. 누구든지 정식 출간 제안서를 제출해야 하고 모든 제안은 출판위원회의 심사를 거쳐야 한다는 원칙을 세웠다. 더해서 관행적으로 낮았던 거절률을 정상화시키기로 했다. 내부 교수의 요청이면 대부분 수용되는 구조에서는 조직이 건강해질 수 없다. 이른바 관계 비용이 혁신을 압도하는 환경이었기 때문이다.

취임 이틀 만에 나는 이렇게 선언했다. "저는 선배도, 스승도 없습니다." 인간적인 정에 기대지 않겠다는 뜻이었고 모든 출간은 기준과 원칙에 따라 냉정하게 검토하겠다는 약속이었다. 편집부에도 이렇게 말했다. "거절하기 어려울 땐 제 탓을 하세요." 원칙을 보호하는 방패가 되어주겠다는 의미였다.

시스템이 작동하기 시작하자 변화가 일어났다. 위원회는 점점 더 독립성을 가졌고 거절률이 50퍼센트를 넘기 시작했다. 재정도 안정세를 보였다. 제도가 원칙을 지탱하기 시작한 것이다. 그러던 어느 날 가까운 지인의 출간 제안이 들어왔다. 객관적으로는 거절 사안이지만 인간적으로 외면하기 어려웠다. 며칠을 망설였다. 원칙이 흔들릴 수 있는 순간이었다. 그러나 회의에서 편집부 직원들이 단호하게 말했다. "이 제안서는 거절해야 합니다."

그 순간 깨달았다. 원칙을 지키는 것은 개인의 의지가 아니라 제도화된 구조라는 것을 말이다. 내가 세운 틀 속에서 구성원들이 스스로 공정성을 선택한 것이다. 시스템이 나를 지켜주었다.

경영학에서는 이를 원칙 기반 지배구조(principle-based governance)라고 부른다. 관계가 아니라 기준이 결정하고 개인의 신뢰가 아니라 구조적 공정성이 조직을 움직일 때 조직은 성숙한다. 시스템은 냉정하지만 오히려 사람을 자유롭게 만든다. 제도가 있기에 나는 유혹에서 한 걸음 물러설 수 있었고 조직도 사람도 흔들리지 않았다.

"선배도 스승도 없다"는 말은 인간관계를 부정하는 선언이 아니다. 시스템 앞에서 모두가 평등해야 한다는 믿음이며 그 믿음이 제도가 될 때 비로소 지속 가능해진다는 사실이다. 조직을 경영한다는 것은 결국 원칙이 사람을 지켜주는 장치를 설계하는 일이다.

교수는 자기경영이 핵심인
비효율적인 직업

아버지는 평생 기업에 몸담고 바쁘게 살아오셨다. 주말에도 대부분 쉬지 않았고 가족여행을 간 것도 단 한 번, 대학교 1학년 때 설악산으로 1박 2일 떠난 것이 전부다. 그때 아버지는 말씀하셨다. "교수는 정말 부러운 직업이야. 방학도 있고 여유도 있고. 네가 무슨 전공을 하든 교수만 되면 좋겠다."

아버지뿐만 아니다. 많은 사람들이 교수직을 떠올릴 때 자율성, 안정성, 긴 방학을 먼저 말한다. 일주일에 몇 시간 강의하고 나머지 시간은 자유롭게 쓰며 정년이 보장되는 직업이라고. 하지만 현실은 그보다 훨씬 복합적이다. 교수의 일은 강의 준비로 시작해 시험 출제, 채점, 학생상담, 학과 행정, 연구 수행, 외부 활동, 학술 대회 참석 등으로 이어진다. 강의 6시간만 보면 여유로운 직업처럼 보이지만 실제로는 6시간을 위해 18시간 이상 준비해야 하고 매 학기 변화하는 산업 환경과 학생들의 수준에 맞춰 자료를 업데이트해야 한다. 보이는 것보다 보이지 않는 업무 시간이 훨씬 많은 직업이다.

방학에 대한 오해도 깊다. 학생들은 쉴 수도 있는 시간이지만 교수는 연구실에 더 오래 머물러야 한다. 대학 평가의 기준은 결국 연구 성과다. 논문 한 편을 쓰는 데 필요한 고독과 불확실성, 실패의 가능성은 밖에서 보이지 않는다. 연구가 잘 풀리지 않을 때의 압박과 불안은 말로 설명하기 어렵다. 미국에서는 조교수 시절 이혼율이 높다는 통계도 있다. 기대했던 여유와 실제 겪는 현실이 충돌할 때 생기는 심리적 괴리가 크기 때문이다. 경영학의 시선으로 들여다보면 교수는 흔히 생각하는 자율직이 아니다.

경영학에서는 직업을 두 가지로 나눈다. 시스템이 사람을 관리하는 직군과 사람이 스스로를 관리해야 하는 직군. 교수는 후자다. 직무명세서가 없고 명확한 하루 업무량 기준도 없다. 성과 측정은 단기 KPI가 아니라 장기 · 불확실성 · 동시 프로젝트다. 이것이 지식 노동자의 구조적 부담이다. 지식 노동자는 스스로 목표를 정하고 성과를 증명해야 한다. 교수의 자유는 특권이 아니라 자기경영의 시험대다. 스스로 리듬을 만들고 내적 동기를 유지하고 불확실성을 견디는 품성이 없다면 오래 버티기 어렵다.

정년 보장도 마찬가지다. 조교수로 5년, 부교수로 5년을 거쳐 정교수가 되어야 비로소 정년이 보장된다. 그전까지는 계약직과 다를 바 없다. 연구 실적이 부족하면 승진은커녕 계약 연장도 어렵다. 박사 졸업 후 바로 조교수가 되는 경우는 드물고 대부분 포닥(post-Doc. 박사후 연구원)이나 시간강사로 몇 년을 보낸다. 시작은 늦고 안정이 보장되기까지의 길은 멀다.

보상 측면에서도 환상과 현실의 차이는 크다. 정부의 등록금 동결로 지난 15년간 교수 연봉은 거의 오르지 않았다. 제자들이 금융권에 취업해 첫해부터 교수 연봉을 넘어서는 일도 흔하다. 종종 농담처럼 말한다. "ROI만 보면 교수는 가장 비효율적인 직업 중 하나입니다." 시간과 노력을 크게 투자해도 금전적 보상은 크지 않기 때문이다.

그럼에도 불구하고 교수의 길을 걸어가는 이유는 다른 데 있다. 배우고 연구하고 나누는 일을 좋아하는 사람에게는 과정이 곧 보상이다. 외부의 기준보다 내면의 동기가 강해야 버틸 수 있다. 오래도록 배움과 젊은 세대와의 교류 속에서 머리를 쓰고 의견을 나누며 생각을 자라게 하는 경험은 특별하다. 그 덕분에 다른 일을 하는 친구들보다 덜 늙는다는 말도 농담처럼 듣는다.

"좋은 직장은 없다. 남의 직장이 좋아 보일 뿐이다." 제자들에게 자주 하는 말이다. 막상 다른 직업을 선택해도 장단점은 비슷하다. 그래서 첫 직장을 선택할 때 신중해야 하고 일단 들어가면 적어도 3년은 버티며 자신의 역량을 증명해야 한다. 교수도 마찬가지다. 자유롭게 보이지만 책임이 무겁고 보상은 적지만 성장 에너지는 크다. 겉으로 보이지 않는 긴 시간과 묵묵한 자기경영 속에서 서서히 역량이 쌓여 가는 직업이다.

대학은 정답이 아니라 해석을 가르치는 곳

박사과정 첫 학기, 짐 벳먼(Jim Bettman) 교수의 소비자 행동 세미나에 들어갔다. 첫 시간부터 논문 5~6편을 읽고 가야 했다. 밤새 읽고 요약표를 만들어 수업에 들어간 나는 논문의 구조와 주장, 기여점 등을 또박또박 설명했다. 설명이 끝나자 교수님이 물었다. "그건 저자의 생각이고 너의 생각은 뭐지?" 교수님의 갑작스런 질문 앞에서 잠시 멈칫할 수밖에 없었다. 내용 정리만 했을 뿐 내 생각은 없었던 것이다. 미국 대학에서의 학습은 암기나 재현이 아니라 질문과 해석과 의심이라는 것을 그날 크게 배웠다.

한국 대학에서 이루어지는 많은 수업은 여전히 정답 중심이다. 문장을 외우고 오탈자를 찾고 교재의 의미를 맞춘다. 그러나 지식은 외울 때 멈추고 현실에 연결될 때 힘이 된다. 그래서 수업 시간에 묻는다. 그 개념이 현장에서는 어떻게 작동하는가, 실패한 사례에서 무엇을 배울 수 있는가. 대학에서의 수업은 지식을 나열하는 시간이 아니라 생각의 틀을 넓히는 시간이어야 한다.

미국 대학의 토론식 수업은 문화가 아니라 구조에서 나온다. 수업 전 과제가 있고 그 과제는 미리 배우지 않은 내용을 스스로 찾아야 풀린다. 수업 후 과제도 성적에 반영된다. 예습과 복습이 강제되니 학습은 능동적으로 이루어진다. 한국은 다르다. 예습 여부가 성적에 거의 반영되지 않는다. 엄격히 요구하면 수강생이 줄어든다. 교수도 선택률을 의식해 타협할 수밖에 없다.

나는 예습을 못 해도 수업 시간 중에 사고의 전환을 경험하게 하고 과제와 시험은 암기가 아니라 수업의 흐름을 따라온 사람만 답할 수 있도록 설계를 바꾸었다. 결석이 치명적인 이유는 감점 때문이 아니라 맥락을 놓치기 때문이다.

요즘 학생들은 시험 범위와 문제 유형을 먼저 묻는다. 그 마음은 십분 이해한다. 그러나 그런 질문만으로는 성장하기 어렵다. 하나를 배우면 열을 유추하는 힘이 필요하다. 창의는 교재 속 정답이 아니라 교재 밖을 보려는 태도에서 시작된다. 나는 첫 시간에 이렇게 말하곤 한다. "중요한 것은 시험 범위가 아니라 우리가 함께 탐구할 질문이다."

AI 시대에는 정보량이 무기가 아니다. 질문력이 무기다. 경영학에서는 이를 메타인지와 지적 기민성이라 부른다. 정보의 진위를 가르는 힘, 오류를 탐지하는 힘, 기존 지식을 새로운 맥락에서 재해석하는 힘, 학습 조직의 출발점도 질문과 반성이다. 지금은 정답을 아는 사람이 아니라 문제를 새로 만드는 사람이 필요한 시대다. AI는 존재하는 답은 빠르게 찾는다. 그러나 어떤 질문을 던질지는 여전히 인간의 몫이다. 예측이 아니라 해석, 계산이 아니라 관찰, 축적이 아니라 관점 전환.

이런 능력이 없으면 AI는 도구가 아니라 의존의 대상이 된다.

AI가 알려준 답을 그대로 제출하는 행위는 배움이 아니라 외주에 가깝다. 중요한 것은 그 답이 왜 도출되었는지 이해하는 일이고 다른 맥락에서는 어떤 결론이 나올지 스스로 상상해 보는 일이다. 기업이 진정으로 높이 평가하는 인재도 결국 이런 태도를 가진 사람들이다. 데이터를 처리하는 기술보다 보이지 않는 패턴을 읽고 새로운 가설을 세우는 능력, 이것이 AI와 공존하는 시대의 사고법이다. 인간만의 해석이 곧 경쟁력이다.

결론은 분명하다. 학습의 본질은 정보를 소비하는 데 있는 것이 아니라 사고를 확장하는 데 있다. 스스로 사고하는 사람만이 AI를 도구로 활용할 수 있다. 그렇지 않으면 도구에 기대어 생각 근육의 손실을 바로 눈앞에서 보게 될 것이다. 기술이 발전할수록 인간의 사고가 더 깊어져야 한다는 사실은 변하지 않는다. AI가 글을 대신 써주는 시대라도 세계를 이해하는 글은 결국 인간이 스스로 써야 한다.

"오늘 읽은 글은 무엇이었는가?"가 아니라 "오늘 생긴 생각은 무엇이었는가?"라는 질문으로 항상 수업을 정리한다. 공부란 남의 글을 모으고 쌓는 일이 아니라 자기 언어로 사고를 세우는 일이다. 누군가의 답을 정리하는 데서 멈추지 않고 나만의 질문을 세우는 것, 바로 그 질문이 결국 나를 만든다.

선택과 방향

Decisions & Directions

✦

최고의 선택은 확신이 아니라
우선순위에서 나온다

무엇이 중요한지 모르면
방향을 잃는다

사람들은 매일 선택을 하며 살아간다. 선택은 언제나 크든 작든 방향을 결정한다. 무엇이 중요한지를 알면 길이 보이고 모르고 지나치면 방향을 잃는다. 성실한 노력도 근면한 자세도 때로는 아무 소용이 없다. 핵심이 아닌 것에 모든 에너지를 쏟고 있었다면 아무리 열심히 해도 결과는 초라해지기 마련이다. 공부든 비즈니스든 경영이든 결국 중요한 것은 "무엇이 본질인가?"를 스스로 묻는 능력이다.

카네기멜런대학에서 마케팅 석사과정을 밟으며 많은 고생을 했다. 그렇지만 200명 가까운 동기 중 세 자릿수가 아닌 두 자릿수 등수로 졸업했다. 밤새 과제를 하며 단단히 훈련받은 덕분에 살아남았다는 자부심도 있었다. 더구나 듀크대학 박사과정에 장학금과 생활비까지 보장받고 진학했을 때는 스스로 꽤 잘하고 있다고 여겼다. 박사과정 1~2학년 동안은 course work 기간이었다. 익숙한 방식대로 밤을 새우며 과제를 제출했고 높은 성적을 유지했다. 교수들의 칭찬도 들었고 성과는 분명 있었다. 그래서 자부심도 있었다. 하지만 그 모든 것은 착각이었다.

3학년에 진학한 첫날, 지도 교수인 릭 스텔린(Rick Staelin)이 나를 호출했다. 과제를 주시려나 하고 별생각 없이 갔다. 교수님은 단호한 목소리로 물었다. "그동안 생각한 연구 아이디어를 말해 보게." 순간 말을 잃었다. 준비된 것이 없었다. 수업과 과제에만 집중했고 연구는 나중에 하면 된다고 생각했었다. 학점만 잘 받으면 길이 열릴 거라고 순진하게 믿었던 것이다.

그러나 박사과정의 철학은 완전히 달랐다. 현실은 냉정했다. "그따위로 박사과정 할 거면 짐 싸서 돌아가라." 싸늘한 교수님의 말씀에 모든 자부심이 무너졌다. 비로소 깨달았다. 박사과정은 시험 잘 치는 사람을 만드는 것이 아니라 문제를 발견하고 질문을 던질 수 있는 사람을 키우는 과정이라는 것을 말이다. 미국인 동기들은 성적은 나보다 낮았지만 이미 1~2학년 때부터 아이디어를 메모하고 토론하며 문제를 스스로 탐색하고 있었다. 뒤늦게 자문했다. "무엇이 중요한가?"

이제는 어떤 문제 앞에서도 본질을 먼저 떠올린다. 겉으로 드러난 성과보다 숨은 구조를 보고 과정보다 의도를 확인한다. 우선순위가 어긋난 노력은 번아웃만 남긴다. 아무리 많은 자원과 시간을 투입해도 핵심이 아닌 것을 붙들고 있으면 조직은 지친다.

진정한 경영자는 효율성을 추구하기에 앞서 무엇이 올바른 일인지를 먼저 고민해야 한다. 중요한 것을 모르는 사람은 아무리 효율적으로 일해도 결국 실패할 수밖에 없다. 무엇이 중요한지를 파악하는 능력은 그 자체로 전략이며 리더십이다.

조기교육에 대한 환상과
환경 분석의 힘

20여 년 전 어느 날, 막내가 유치원에 다녀와 씩씩거리며 물었다. "아빠, 이것이 분홍색 맞지?" 아이가 가리키는 물건을 보며 "그래, 분홍색이지"라고 답했다. 그러자 막내가 더 흥분해서 말했다. "나 빼고 모든 아이들이 핑크색이라고 해!" 당시에는 그 연령대 아이들이 영어 단어를 안다는 사실에 놀랐던 것이 아니라 분홍색이라는 모국어를 모르는 아이들이 많다는 사실에 더 놀랐다. 우리 부부는 아이가 학교를 다니기 전까지 영어 공부를 시키지 않았다. 대신 국어를 충실히 가르쳤다. 적절한 단어를 쓰는 법, 생각을 말로 풀어내는 법, 책 읽기 같은 모국어의 기초를 다지는 데 시간을 쏟았다.

지금은 성인이 된 막내는 아주 잘 살고 있다. 자신이 원하는 일을 하며 많은 사람에게 부러움을 산다. 중요한 것은 "언제 영어를 배웠는가"가 아니라 "어떤 기초를 가지고 성장했는가"였다. 시대의 유행을 따르지 않았다는 이유로 뒤처지지 않았고 기본이 탄탄했기에 삶의 방향을 스스로 결정할 수 있었다.

막내의 에피소드는 오늘날 조기 영어 열풍, 이른바 7세 고시 열풍을 떠올리게 한다. 한국의 학원가는 학부모의 불안감을 정확히 파고드는 공포 소구(fear appeal) 마케팅을 펼친다. 영어 유치원에 보내지 않으면 뒤처질 것이라는 메시지를 반복하며 대학교 등록금보다 비싼 비용을 자연스럽게 지불하도록 만든다. 하지만 부모들은 정작 현재 그들의 모습이 과거에 영어 유치원을 다니지 않았던 것과 크게 상관이 없다는 사실을 모르는 것 같다. 대부분의 경우 어릴 때 영어를 배우지 않았기 때문이 아니라 학생 시절 영어든 국어든 공부 자체를 게을리했기 때문에 성적이 기대에 미치지 못했을 것이다. 지금은 영어가 경쟁력의 핵심이었던 시대도 지났다. AI가 번역과 소통을 대신해주는 시대에 영어 실력이 인생의 핵심 경쟁력이라는 믿음은 점점 설득력을 잃고 있다.

경영학에서는 환경 분석(environmental scanning)이 중요하다. 환경이 바뀌면 전략도 바뀌어야 한다. 마케팅에서도 시장 감지(market sensing)는 핵심 경쟁력이다. 지금의 부모 세대가 학창 시절 경험했던 영어 중심 환경이 오늘의 시대에도 그대로 적용된다고 생각하는 것은 환경 분석의 실패다. 시대가 변했는데 전략이 그대로라면 그 전략은 더 이상 유효하지 않다. 오늘날 전 세계에서 한국어를 배우는 인구가 얼마나 많아졌는지 알고 있는가? 한국어를 유창하게 구사하고 한국인보다 더 한국말을 잘하는 외국인이 늘고 있다. 환경은 이미 바뀌었다.

어린이는 어린이다워야 한다. 뛰고 부딪히고 상상력을 펼칠 수 있는 시기가 있어야 마음과 몸이 건강하게 자란다. 기본이 흔들리면 아무리 화려한 스펙을 쌓아도 어느 순간 균열이 생긴다. 모국어도 정립되지 않은 아이들이 과연 외국어를 잘 구사할 능력이 배양될까. 집안이 자연스럽게 다국어 환경이 아닌 이상 먼저 모국어가 단단해야 한다. 부모는 한국말을 하면서 아이에게만 영어로 말하라고 시켜서는 기대하는 효과가 생기지 않는다. 기반이 약하면 건물이 흔들리듯 아이의 성장도 기초가 중요하다. 그래서 기초를 다지는 일부터 시작해야 한다. 이것이야말로 시대가 변하더라도 흔들리지 않는 선택 기준이다.

시대가 변화하면 준비도 달라져야 한다. 막연한 불안에 따라 선택하기보다 환경 변화의 방향을 읽고 지금의 현실을 분석하는 능력이 필요하다. 기초 역량과 시대감각, 환경 분석은 개인의 선택을 지탱하는 중요한 기준이다. 허상을 좇는 조기교육보다 중요한 것은 기본기와 판단력이다. 충실한 기본기와 자주적인 판단력이 미래를 결정한다.

매몰비용과 기회비용 사이의 갈등

아버지는 대한민국 대기업 1세대 전문 경영인으로서 국가 경제성장과 해외 인프라 건설 현장의 선봉에 선다는 자부심이 큰 분이었다. 날마다 새벽같이 출근해 밤늦게 귀가했고 명절에도 사우디아라비아, 리비아 등 해외 현장을 찾아 근로자들을 격려하느라 집에 안 계실 때가 많았다. 자연히 내 진로 문제에 깊이 개입할 시간이 없었다.

그런데 대학 입시 원서를 제출할 때만큼은 달랐다. 아버지는 3일 연속 일찍 귀가해 나를 설득했다. "월급이 꼬박꼬박 통장에 들어오는 게 얼마나 감사한 일인지 알아야 한다." 아버지의 논리는 명확했다. 안정적인 재정 기반, 예측 가능한 미래, 위험보다 확실성. 고위험, 고수익보다 저위험, 저수익을 선호하는 것이었다. 아버지는 연세대학교 지원을 강하게 권했다. "네 성적이라면 수석 합격에 4년 전액 장학금을 받

을 것이다. 그러면 학비가 들지 않는다." 계산도 명확했다. 그러나 열여
덟의 나는 그 뜻을 받아들일 수 없었다. '내가 그 지독한 고등학교 3년
을 왜 버텼는데!'라는 생각이 들었다. 결국 아버지의 뜻을 거스르고 서
울대학교에 지원했다. 생애 첫 반항이었다.

결과는 참담했다. 담임선생님이 임의로 원서에 기입했던 2지망 사
학 계열에 합격했다. 원하는 대학은 갔지만 마음은 편치 않았다. 사학
과는 당시 학생운동의 중심이었고 입학하자마자 1980년 5·18 민주화
운동의 실상을 접하며 큰 충격을 받았다. 친구들은 아무 일 없다는 듯
캠퍼스 생활을 즐기는데 나는 사회 한복판에 던져진 기분이었다. 낯선
세계, 고립감, 막막함…. 대학 생활은 그렇게 암담하게 시작됐다.

돌이켜 보면 그때 재수를 선택했어야 했다. 경영학에서는 미래 전
망이 어둡다면 과감하게 사업을 정리하고 시장에서 철수(exit)하라고
말한다. 이미 투입한 비용은 매몰비용(sunk cost)일 뿐 집착이 더 큰 손
실을 부른다. 손절이 현명할 때가 있다. 그러나 그때의 나는 물러날 수
없었다. 아버지의 뜻을 거스르고 스스로 선택한 길이었기에 책임지고
버텨야 했다.

현실은 녹록지 않았다. 쇠퇴한 브랜드를 억지로 연명시키는 것처럼
반수, 전과, 행정 고시 등을 오가며 방향을 잃고 헤맸다. 시장 철수 대
신 버티기를 택한 셈이다. 쉽게 움직일 수도 있었지만 매몰비용에 묶

여 새로운 기회를 보지 못했다. 하지만 그때의 경험은 과감히 접는 결단이 더 큰 미래를 열 수 있다는 것을 깨닫게 했다. 이미 지나간 비용보다 앞으로 벌 수 있는 기회비용을 더 중요하게 봐야 한다. 실패와 방황은 고통스러웠지만 그 과정이 결국 오늘의 나를 만들었다. 선택의 무게를 견디는 힘, 때로는 내려놓을 줄 아는 용기, 두 가지를 함께 배운 시간이었다.

적성이 가리키는 방향과
변화를 감지하는 감수성

어릴 때는 분명히 이과형 사람이었다. 프라모델 조립에 능했고 기계 장난감을 분해했다가 다시 맞추는 데 재미를 느꼈다. 초등학교 고학년 때는 개구리를 잡아 나만의 생체 실험을 하며 의사의 꿈을 키웠다. 메스를 들고 절개하고 봉합하는 일, 그 정교함이 내 손과 머리에 잘 맞다고 믿었다.

고등학교 1학년 때 적성검사 결과는 그 확신을 뒷받침했다. 제1, 2 적성이 순수수학과 응용수학으로 99점, 제3 적성이 어문 계열로 88점. 누구나 고개를 끄덕일 만한 이과형 인간이었다. 그런데 어느 날 담임선생님이 나를 교무실로 불렀다. "왜 문과를 가려 하니?" 갑자기 웬 문과? 어머니가 진학 상담 때 "우리 아이는 문과로 갈 겁니다"라고 말씀하셨다는 것이다. 선생님은 펄쩍 뛰었지만 딱히 할 말이 없었다. 선생님은 일주일 넘게 면담을 이어 가며 이과로 가야 한다고 나를 설득했다. 내 적성은 고민할 필요도 없이 이과인데 문과를 선택하면 나중에 후회할 것이 분명하다는 이야기였다. 하지만 나는 부모님 말씀에 고분고분 따르던 아이였고 결국 문과 진학을 받아들였다.

시간이 흐른 뒤 어머니가 문과를 선택한 이유를 들었는데 지금 생각해도 참 황당하다. 외사촌 형이 이미 의대에 가서 집안에 의사가 있으니 나는 법관이 되어야 한다는 것이었다. 당시의 시대 정서, 가족 중심 문화, 집안에 직업군을 갖추어야 한다는 오래된 관념이 내 미래를 재단한 것이다. 외사촌 형의 선택이 내 인생과 무슨 관련이 있는지 묻지 못한 채 순응해야 했다. 고등학교 2학년부터 성적은 조금씩 떨어졌고 대학 진학도 기대와는 멀어졌다.

아이러니하게 지금 나는 경영학 교수지만 수리적 분석과 계량 모델로 연구를 한다. 먼 길을 돌아 결국 적성검사 결과와 맞닿은 길로 들어선 셈이다. 수학을 좋아하던 아이는 결국 데이터를 분석하고 숫자 속에서 즐거움을 찾는 직업을 갖게 되었다.

환경 변화를 읽지 못하면 길을 잃는다. 코닥과 노키아가 시장 변화를 읽지 못해 쇠락했듯 좁은 시야는 개인의 인생도 잘못된 궤도로 이끌 수 있다. 부모님의 관점은 그 시대에는 타당해 보였을지도 모르지만 전망 있는 미래를 내다보는 데는 한계가 있었다.

코닥은 한때 사진의 대명사였다. 필름 시장을 90퍼센트 이상 장악하며 디지털 이전 시대를 정의한 기업이었다. 역설적이게도 디지털카메라를 세계 최초로 개발한 주체도 코닥이다. 문제는 기술이 아니라 시야였다. 필름 사업이 줄어들면 자신들이 쌓아 온 제국이 무너질 것이라는 두려움 때문에 코닥은 스스로 만들어낸 변화를 외면했다. 시장이 이미 디지털로 이동한다는 증거가 수없이 쌓였음에도 기존 수익 모델에 의존했고 전략적 전환 타이밍을 놓쳤다. 변화를 외면한 조직이 어떻게 무너지는지를 가장 분명하게 보여준 사례다.

노키아 역시 비슷했다. 2000년대 초반 노키아는 전 세계 휴대폰 시장을 지배했다. 제품 품질도 우수했고 브랜드 충성도도 높았다. 그러나 스마트폰이라는 패러다임 전환 앞에서 이 정도면 충분하다고 안일하게 대처했다. 하드웨어의 완성도만으로 승부할 수 있다고 믿고 소프트웨어와 생태계라는 새로운 게임 규칙을 제때 파악하지 못했다. 조직 내부의 복잡한 의사 결정 구조와 변화에 대한 두려움은 결국 세계 1위를 순식간에 과거로 만들어버렸다. 기술력이 부족해서가 아니라 변화를 이해하고 받아들이는 능력이 부족해서였다.

코닥과 노키아의 몰락은 경영 수업에서 늘 반복해 설명하는 대표적인 사례이기도 하지만 나의 인생 경험과도 닮았다. 진로를 결정하던 시절 부모님의 조언이라는 익숙한 길에 안주하려 했다. 하지만 세상의 변화는 생각한 것보다 훨씬 빨랐다. 부모님 세대에서 안정적이던 직업이 다음 세대에게도 안정적이라는 보장이 없었다. 변화의 신호를 읽지 못하면 기업도, 개인도 제자리걸음을 한다. 그때는 수학을 좋아한다는 단편적인 정보만으로는 확신하지 못했으나 나의 흥미와 시대의 흐름은 서로를 향하고 있었다.

돌아보면 코닥과 노키아 사례는 단순한 기업 실패담이 아니라 좁은 시야의 한계가 어떤 결과를 낳는지 보여준다. 변화는 언제나 먼저 신호를 보낸다. 다만 그것을 볼 준비가 되어 있지 않으면 신호는 아무 의미 없이 스쳐 지나갈 뿐이다. 항상 학생들에게도 이야기한다. "능력보다 중요한 것은 변화를 감지하는 감수성이다."

과거의 경험은 아이들에게 나와는 다른 길을 제시하게 했다. 아이들이 대학교에 들어간 순간부터는 모든 것을 스스로 결정하게 했다. 스스로 한 선택은 자신이 책임지는 법을 배우게 했다. 다행히 아이들은 독립적으로 잘 살아가고 있다. 어머니는 아이들을 왜 이렇게 방임하냐고 하셨을지도 모르지만 나는 지켜보는 역할에 만족하고 더 건강한 교육 방식이라고 믿는다.

적성은 방향이고 선택은 그 길을 걷는 힘이다. 둘이 어긋나면 흔들릴 수도 있지만 돌아갈 자리를 알고 있다면 길은 다시 연결된다.

작은 시도가 미래 선택지를 넓히는
옵션이 된다

대학교 3학년 때 휴학을 하고 군 입대를 했다. 복학한 해의 교정은 이상하게도 더 밝고 더 빠르게 움직이는 것처럼 보였다. 언론사에 합격한 친구들, 행정 고시 공부를 이어 가는 친구들, 행정대학원으로 진학해 이미 또 다른 길을 걷고 있는 친구들까지, 친구들의 미래는 뚜렷한 방향을 가지고 나아가는데 나는 짙은 안개 속에 홀로 서 있는 기분이었다. 사학과 출신이 대기업 문을 두드리기는 어려운 시절이었고 불안이 아니라 막막함이라고 말하는 것이 더 정확한 상태였다.

어느 날 비슷한 고민을 안고 있던 1년 선배가 조용히 말문을 열었다. "나 미국 갈 거야. 경영학으로. MBA." 처음 듣는 학위 이름이었고 전공과 무관하게 도전할 수 있다는 말은 희미하지만 한 줄기 빛처럼 느껴졌다. 다음 날 우리는 안국동에서 만났다. "시험, 일단 접수부터 하자." 그 말에 이끌려 생전 처음 들어 보는 GMAT 시험을 덜컥 신청했다. 준비가 아니라 용기가 먼저 움직였다. 용기보다 앞선 것은 절박함이었고.

시험을 치르겠다고 마음먹으니 비로소 하루가 달라졌다. 새벽에 도서관에 나가고 종로의 시사영어사(현재의 YBM) 건물을 오가며 얇고 낡은 문제집만 붙잡고 있었다. GMAT 학원은 없었고 선배가 물려준 교재가 전부였다. 성적이 나오기까지 수없이 흔들렸다. "내가 뭘 하고 있는 거지? 과연 될까?" "아니야, 일단 해보자!" 시작은 명확한 확신에서 나오는 것이 아니라 불확실함을 통과하려는 작은 행동에서 나온다는 것을 처음으로 배웠다.

사실 그때까지는 경영학이 무엇인지도 몰랐다. 내 성적표 어디에도 경영학 과목은 없었다. 전공을 바꾼 것이 아니라 인생의 언어 자체를 바꾼 셈이었다. 하지만 분명한 것이 하나 있었다. 아무것도 하지 않으면 아무 일도 일어나지 않는다는 단순한 진실, 문은 두드려야 열린다는 사실 말이다. 나는 어떤 문이든 두드릴 준비가 되어 있었다.

"진인사대천명(盡人事待天命), 최선을 다하고 결과는 하늘에 맡긴다." 아버지가 자주 하신 말씀이다. 내가 통제할 수 있는 영역은 행동뿐이었다. 남은 것은 시간이 답해줄 영역이었다. 그 시간을 견디고 나니 경영학이라는 뜻밖의 길이 앞에 놓였다. 선택은 순간이었지만 방향은 완전히 바뀌었다.

경영학을 공부하며 비슷한 사례를 숱하게 만났다. 심장 질환 치료제로 개발된 비아그라가 전혀 다른 용도로 재탄생했고, 당뇨병 약으로 개발된 위고비가 세계의 체중 관리 패러다임을 뒤흔들었으며, 실패작이었던 약한 접착제가 포스트잇이 되었다. 경영학에서 이는 우연처럼 보이지만 실은 우연이 아닌 선택의 연속, 즉 이펙추에이션(effectuation)과 실물옵션(real options)의 세계다. 준비된 사람에게 우연은 기회가 되고 작은 시도가 미래 선택지를 넓히는 옵션이 된다. 경영의 시작은 거창한 전략이 아니라 아주 작은 행동이다. 행동이 방향을 만들고 방향이 기회를 부른다.

피터 드러커는 말했다. "운은 준비된 사람에게 온다." 인생에서 드러커의 명제를 증명하는 순간을 여러 번 마주했다. 경영학이라는 세계는 나를 계획보다 훨씬 먼 곳으로 데려갔다. 시작은 어둠 속에서 문을 두드린 게 전부였는데 문이 삶의 구조 자체를 바꾸어 놓았다. 기회라는 문은 용기보다 작은 행동, 행동에 앞선 작은 결심에서 열린다는 것을 배웠다.

불확실한 시기에는 정답을 찾으려 할수록 오히려 방향을 잃기 쉽다. 경영학은 이럴 때 완벽한 계획보다 행동하면서 선택지를 넓히는 사고를 제안한다. 지금 할 수 있는 작은 행동과 질문이 결국 커리어의 방향을 연다.

- **Effectuation** 있는 자원으로 시작하기
  지금 가진 자원으로 오늘 당장 할 수 있는 '가장 작은 행동'은 무엇인가?

- **Real Options** 선택을 미래 옵션으로 만들기
  이 선택은 내 미래의 선택지를 넓히는가, 좁히는가?

- **Ask Strategy** 질문이 방향을 만든다
  지금 내가 반드시 질문해야 할 사람은 누구인가?

- **Prepared Luck** 우연을 가능성으로 전환하기
  지금 내가 준비하고 있는 '우연을 위한 준비'는 무엇인가?

중요한 것을
정확하게 잘하는 것이 전략이다

한국에서 늘 상위권 성적을 받았던 나는 유학을 통해 처음으로 진짜 좌절을 경험했다. 1980년대 말, 해외여행 자유화 이전으로 유학생 자체가 드문 시기였다. 당시에도 미국 Top 10 대학 진학은 놀라운 성과였다. 서울대학교 졸업 후 1년 뒤 카네기멜런대학교 경영대학원

(GSIA)에 진학했는데 이름난 공부 지옥이었다. 7주짜리 미니 학기 2개가 한 학기를 이루고, 한 미니 학기마다 5과목씩 1년간 총 20과목을 들어야 하는 구조였다. 과제는 매일 쏟아지고 시험은 주말마다 있어 수업일이 줄지도 않았다. 하루하루가 얼마나 버티느냐의 싸움이었고 거의 매일 밤을 새며 수업을 따라가야 했다.

더 충격적인 것은 학생 구성이었다. 미국 학생들은 수학에 약하다는 통념과 달리 70퍼센트 이상이 공대, 이과 출신이었다. 수학 잘하는 한국 학생이라는 무기는 통하지 않았다. 첫 중간고사 성적은 충격 그 자체였고 결과가 게시판에 공개되는 순간 처음으로 이렇게 생각했다. "아, 나도 평균 이하일 수 있구나!" 심지어 좌절할 시간도 없었다. 26일 후면 곧바로 기말고사였기 때문이다.

그 순간, 전 과목 A가 아니라 평균 이상으로 목표를 바꾸었다. 모든 과목을 잘하겠다는 목표를 내려놓고 과감하게 몇 과목은 F만 피하자고 마음먹었다. 대신 잘할 수 있는 과목에는 에너지를 집중했다. 선택과 집중(focus & prioritization)의 시작이었다.

당시 GSIA는 학업 스트레스가 극심했다. 자퇴자가 생기기 시작했고 극단적 선택을 시도하는 학생까지 생겼다. 학생 대표들이 학장에게 과제량 완화를 요청했을 때 학장은 단호하게 말했다. "누가 다 잘하라고 했나요?" 처음에는 냉정하고 무책임하게 들렸지만 시간이 지나면서 말의 본뜻을 이해하게 되었다. 어느 교수든지 자신의 과목을 가장 중요하다고 믿는다. 무엇을 포기하고 무엇을 붙잡을지 결정하는 것은 학생의 몫이다. 사회에 나가면 더 많은 과제가 더 빠른 속도로 쏟아진다. 무엇을 버리고 무엇에 몰입할지 판단하는 능력, 그것이 바로 '경영'이다.

생존을 위한 전략부터 세웠다. 생존 우선 전략이 나를 끝까지 버티게 했고 결국 성공으로 이어졌다. 성공을 목표로 하기보다 생존을 우선한 전략이 장기적인 성취로 이어진 것이다. 미국의 경영학 사상가 짐 콜린스(Jim Collins)는 『좋은 기업을 넘어 위대한 기업으로』에서 말했다. "위대한 기업은 수많은 기회를 좇지 않고 본질적인 것 하나에 집중한다." 개인도 다르지 않다. 다 잘하려는 욕심은 에너지를 분산시키고 결국 아무것도 이룰 수 없게 만든다.

경영학을 공부하다 보면 파레토 법칙을 배운다. 전체 결과의 80퍼센트는 핵심 20퍼센트에서 나온다는 원리다. 유학 생활에서 체득한 것도 바로 이것이었다. 모든 과목을 잘하겠다는 완벽주의는 사실상 비효율적이다. 진짜 전략은 중요한 20퍼센트를 정확히 골라 집중하는 것이다. 선택과 집중은 단순한 공부 전략이 아니라 불확실한 환경 속에서 살아남기 위한 생존 기술이었다.

유학 생활은 인생의 방향도 바꾸어 놓았다. 높은 목표를 세우는 것은 좋지만 목표는 언제나 현실이라는 바닥에 단단히 발을 딛고 있을 때 의미를 가진다. 현실을 외면한 꿈은 허상에 가깝다. 무엇을 택할지 결정한다는 것은 곧 무엇을 버릴지 선택하는 일이다. 선택하지 않으면 집중도 없다. 선택을 미루면 결국 아무것도 하지 않는 것과 같다.

"다 잘하려 하지 말아라. 중요한 것을 정확하게 잘하는 것이 진짜 전략이다." 제자들에게 자주 하는 말이다. 선택의 기술은 부드러워 보이지만 실제로는 생존을 가르는 가장 날카로운 판단이다. 선택 능력을 충분히 키운 사람만 방향을 잃지 않고 자기 삶을 경영할 수 있다.

전략은 자원이 아니라 선택에서 시작된다

MBA 2년 차가 되던 해 박사과정 진학을 다시 고민하기 시작했다. 문제는 분명했다. 1년 동안 성적이 박사과정을 준비하기에는 턱없이 부족했다. 그 점수로는 좋은 학교에 합격할 가능성은 거의 없었고 원서를 제출할 시간도 고작 석 달 남짓뿐이었다. 단기간에 학점을 끌어올리는 일은 사실상 불가능했다. 당시의 나는 절박했다. 영화 〈알라딘〉에서 자파가 말하듯 절박한 순간에는 절박한 선택이 필요하다. 경영대학원에서 배운 모든 전략적 도구를 꺼냈다. 목표는 박사과정 입학. 주어진 자원은 부족하다. 강점을 재배치하고 약점을 보완할 수 있는 길을 찾아야 했다.

『손자병법』의 지피지기 백전불태(知彼知己 百戰不殆), 즉 적을 알고 나를 알면 위태롭지 않다는 원칙에 따라 나 자신을 냉정하게 분석했고 동시에 미국 박사과정 입시의 구조와 문화, 평가 포인트를 세심하게 조사했다. 당시에는 인터넷이 없어 도서관에서 서적과 논문을 뒤져 각 대학의 입학 방식과 교수진 배경을 일일이 정리해야 했다. 분석 과정 자체가 하나의 시장조사였다.

문제는 성적이었다. 박사 진학을 희망한 마케팅 분야에서 A+가 없었다. 20개 과목 중 A+는 2개, 경제학뿐이었다. A+를 추가로 기대할 수 있는 또 한 과목도 그 학기에 듣고 있던 계량경제학이었다. 전략적으로 판단했다. 마케팅 교수님께 평범한 추천서를 받기보다 확실한 성취를 보인 경제학 과목 교수님들께 강력한 추천서를 받는 것이 더 나아 보였다. 선택을 설득할 논리를 세웠다. 마케팅 연구에서도 경제학적 분석 능력은 핵심이며 영어가 모국어가 아니다 보니 마케팅에서 최고점을 받지 못했을 뿐 기본기는 갖추고 있다는 점을 강조했다. 매 학기 성적이 꾸준히 상승하고 있다는 우상향 그래프를 첨부해 박사과정에서 더 큰 역량을 보여줄 것임을 입증했다.

그러나 이것만으로는 부족했다. 누가 나를 추천할 수 있는가뿐 아니라 누가 나를 이해해줄 것인가를 고민했다. 내가 다닌 카네기멜런의 교육 환경을 잘 이해할 교수들이 있는 학교를 찾았다. 관련 교수님들께 직접 편지를 썼다. 이메일이 없던 시절이라 모든 편지를 출력해 우편으로 보냈다. 편지에 연구 의지와 진심, 배우고 싶다는 간절함을 담았다.

전략은 머릿속에서 끝나지 않는다. 전략이 힘을 가지려면 반드시 행동으로 이어져야 한다. 나는 조사하고 설계하고 실행했다. 마침내 문이 열렸다. 1990년, 미국 마케팅 박사과정 지원자 중 가장 좋은 조건으로 듀크대학교에 합격했다. 학비 전액 면제, 생활비 지급, 첫 학기부터 조교 활동까지, 지도 교수는 마케팅의 거장 릭 스탤린 교수님이었다. 교수님을 포함해 듀크에는 카네기멜런 출신 교수님들이 여럿 있었다. 덕분에 문제가 되었던 학점 상태에도 불구하고 기본기와 배경에 대해 신뢰를 얻을 수 있었다.

전략은 자원을 늘리는 기술이 아니라 주어진 자원 속에서 길을 만드는 선택이다. 마이클 포터는 "전략은 경쟁자를 따라잡는 것이 아니라 다른 길을 택하는 것이다"라고 말했다. 학점이라는 현실은 바꿀 수 없었다. 다만 현재를 중심축으로 삼아 다른 길을 설계했다. 그 선택은 나를 새로운 곳으로 데려다주었다. 전략이란 결국 제약 속에서 최선의 길을 집요하게 선택하는 힘이다.

사소한 신호를 무시할 때
벌어지는 일

사람들이 흔히 겪는 대부분의 문제는 어느 날 갑자기 발생하지 않는다. 몸이든 관계든 사업이든 작은 신호로 시작된다. 크지 않은 불편, 잦아지는 피로, 이상한 낌새…. 대부분 사소한 신호를 대수롭지 않게 넘기는 순간부터 문제가 커진다. 문제의 크기를 결정하는 것은 신호 그 자체가 아니라 신호를 대하는 태도다.

박사과정이 끝나 갈 무렵 위경련과 치질을 겪었다. 연구실 책상 앞에 앉아 논문과 싸우며 하루에도 커피를 서너 잔씩 비우던 시기였다. 속이 쓰리고 체한 듯 불편해도 며칠 지나면 괜찮겠지 하고 넘겼다. 통증은 점점 뚜렷해졌고 결국 병원을 찾았을 때는 위경련을 진단받았다. 의사는 매일 조깅할 것을 권했다. 나는 증상이 완전히 사라질 때까지 꾸준히 운동했다.

치질도 비슷했다. 바쁘다는 이유로 미루고 무시하고 넘기다가 교수 9년 차쯤에는 하혈이 심해져 결국 수술과 일주일 입원을 해야 했다. 단순한 건강 문제가 아니다. 몸이 조용히 보내던 경고를 내가 오랫동안 듣지 않았다는 증거였다. 몸이든 인생이든 작은 신호를 무시하면 그 대가는 반드시 돌아온다.

기업도 똑같다. 사업이 기울기 전에 반드시 신호가 있다. 매출의 가벼운 흔들림, 충성 고객의 이탈, 팀 분위기의 미묘한 침체…. 조직은 종종 "좀 더 지켜보자"는 말로 신호를 덮는다. 그러나 위기가 현실이 되면 이미 늦다. 경영학에서 말하는 조기 경보 체계(early warning system)는 바로 이런 작은 변화의 징후를 놓치지 않기 위한 개념이다. 문제는 위기 발생 전에 시작되고, 위기관리는 위기가 터지기 훨씬 이전부터 시작해야 한다.

선택과 집중 전략도 여기서 연결된다. 무엇을 할 것인가만큼 무엇을 빨리 멈추어야 하는지도 전략이다. 기업이 성장기에 접어든 제품과 쇠퇴기에 접어든 제품을 구분해 투자를 조절하듯 개인도 각자 상황에서 지금 손 떼야 할 것을 판단해야 한다. 판단이 늦어질수록 작은 문제는 금세 큰 비용으로 돌아온다.

창업 후 금세 쓰러지는 수많은 실패 사례를 보았다. IMF 이후에는 치킨집과 PC방이, 코로나19 이후에는 커피숍이 폭발적으로 늘었다. 창업 동기는 대부분 비슷하다. "남들도 하니까 나도 평균은 하겠지." 그러나 평균을 기대하는 순간 실패 확률은 높아진다. 마케팅의 기본 원리는 차별화고 전략의 기본 원리는 조사 기반 기획(research-based planning)이다. 조사 없이 뛰어든 선택은 위기 대응조차 하지 못한 채 무너진다.

"조사 없이는 좋은 계획도 없다(No research, no good plan)." "고통 없이는 얻는 것도 없다(No pain, no gain)." 건강에도 학업에도 커리어에도 작은 흔들림이 신호다. 몸은 피로로 말하고 조직은 숫자로 말하고 관계는 분위기로 말한다. 문제는 신호를 "설마…" 하고 미루는 태도에 있다. 선택의 지점은 바로 거기에 있다. 지금 이 작은 징후가 말하는 바를 들을 것인가 아니면 외면할 것인가?

경영학자 앤디 그로브(Andrew Stephen Grove)는 말했다. "편집증적인 사람만 살아남는다(Only the paranoid survive)." 위기는 겁내는 사람에게 오는 것이 아니라 신호를 듣지 못하는 사람에게 먼저 온다는 뜻이다. 편안함에 안주하지 않고 늘 변화와 위기 신호를 예민하게 감지하는 조직만이 살아남는다는 전략적 사고의 태도를 말한다.

생존 기술은 단순히 집중하는 능력이 아니라 포기해야 할 것을 제때 포기하고 작은 신호를 읽어 방향을 조정하는 힘이다. 작은 신호를 무시하면 큰 문제는 예정된 미래가 되고 작은 신호를 읽어내면 위기는 기회가 된다. 문제는 언제나 작은 곳에서 시작되고 기회 또한 늘 작은 곳에서 시작된다. 그 작은 지점을 읽는 눈이 바로 전략의 첫걸음이다.

유형적 단서와 가치판단이 선택에 미치는 영향

어릴 때 부모님은 집 바로 앞의 소아과 대신 조금 떨어진 병원으로 나를 데리고 다녔다. 가까운 병원의 의사는 K대 출신, 먼 병원의 의사는 S대 출신이었기 때문이다. 당시에는 의사의 실력이 아니라 졸업장이 더 중요하다는 사실이 의아했다. 지금 생각해 보면 그 시대에 합리적인 의사 결정 방식이었다.

의료는 대표적인 무형 서비스(intangible service)다. 서비스의 질은 진료를 받기 전까지 알 수 없다. 그래서 사람들은 보이는 단서를 찾는다. 병원 벽에 걸린 졸업장, 간판, 인테리어 같은 유형적 단서(tangible cues)가 신뢰 형성의 기초가 된다. 부모님의 선택 역시 시대적 맥락 속에서 합리적이고 유효한 판단이었다.

요즘은 조금 다르다. 어느 의대를 졸업했는가보다 어떤 의사인가가 더 중요한 시대다. 코로나19와 의료 대란을 거치며 전공의 졸업장보다 위기 속에서 어떤 기준으로 판단하고 선택했는지가 더 오래 기억될 것이다. 그래서 "앞으로는 의사도 대학이 아니라 학번을 보고 고를 거다"라는 우스갯소리가 생겼다.

시대가 바뀌어도 사람들은 여전히 선택을 도와줄 표식을 찾는다. 다만 그 표식은 과거의 명성보다 그 의사가 어떤 시대의 의료를 통과해 왔는지를 가리킨다. 선택은 더 큰 곳에서도 똑같이 작동한다. 짜장면과 짬뽕, 콜라와 사이다를 고를 때 혹은 여러 대학 합격증 중 하나를 선택해야 할 때 사람들은 빠르게 혜택과 비용을 계산한다. 경제학은 효용이 가장 큰 선택을, 마케팅은 가치가 극대화되는 선택을 권한다. 콜라는 카페인을 통해 일시적인 각성 효과를 주는 반면 사이다는 속을 편하게 해준다는 인식이 널리 퍼져 있다. 그러나 콜라가 1+1 행사를 한다면 비용 측면에서 매력적이다. 사람들은 이런 요소를 머릿속에서 빠르게 계산해 더 큰 가치를 선택한다.

관계도 마찬가지다. 처음에는 학벌, 이력, 말투 같은 형태적 단서로 상대를 판단한다. 시간이 지나면 더 중요한 기준이 드러난다. 약속을 지키는 태도, 위기 상황에서의 반응, 타인의 이야기를 진심으로 듣는 능력 등 무형의 자질이 관계의 지속 여부를 결정한다.

"사람의 첫인상은 참고만 하라. 관계를 지속할지는 시간이 말해준다." 인생의 중요한 선택은 대부분 사람을 고르는 문제와 맞닿아 있다. 동료, 친구, 배우자, 함께 일할 파트너까지 좋은 사람을 선택하면 결과도 만족스럽다. 그때 필요한 기준은 단순히 이익을 극대화하는 결정이 아니라 내 삶이 더 깊어지는 선택이다. 관계경영이란 눈에 보이는 지표뿐 아니라 보이지 않는 신뢰의 무게를 읽는 기술이다. 당신이 무엇을 선택하는지에 따라 곧 자신이 누구인지를 결정한다.

나에게 올바른 가치가 무엇인지
분명히 하라

여행을 계획할 때 사람마다 생각하는 우선순위가 다르다. 어떤 이는 떠나기 전의 설렘 그 자체를 가장 큰 가치로 삼는다. 여행지를 검색하고 일정표를 작성하고 가 보지 않은 곳을 상상하는 과정에서 이미 행복을 얻은 것이다. 또 다른 이는 호텔의 안락한 침대를 중시한다. 낮 동안 아무리 피곤하게 돌아다녀도 숙소에서 푹 잘 수 있다면 여행의 만족도가 급상승한다. 또한 여행의 순간적 즐거움보다 장기적 보상을 더 따지는 사람도 있다. 항공사와 호텔의 멤버십으로 마일리지를 적립하고 그것이 쌓여 미래에 더 큰 혜택으로 돌아오는 것을 계산한다. 세 가지 관점 모두 일리가 있다. 중요한 것은 각자가 어떤 가치에 무게를 두는가이다.

비슷한 예로 자동차를 구매하는 상황을 생각해 볼 수 있다. 어떤 사람은 차량의 구동 방식, 배기량, 제로백 성능 같은 물리적 정보에 주목한다. 눈에 보이는 실제 속성을 근거로 합리적 판단을 내리는 것이다. 또 다른 사람은 보증기간이나 유지비, 중고차 가격과 같은 확장적 요인을 고려한다. 당장 보이는 사양보다 시간이 지나며 경험하게 될 비용과 편익의 균형을 중시하는 태도다. 반면에 자동차를 몰고 달릴 때의 자유와 짜릿함을 상상하여 선택하는 이들도 있다. 그들에게 중요한 것은 데이터나 조건이 아니라 차가 주는 상징적이고 감성적인 가치다.

마케팅에서는 이러한 차이를 핵심가치(core value), 실제가치(actual value), 확장가치(augmented value)라는 세 가지 층위로 설명한다. 제품은 단순한 물건이 아니라 세 가지 차원이 결합된 가치의 묶음이다. 소비자는 이 중 어디에 무게를 두는가에 따라 서로 다른 구매 결정을 내린다. 기업이 어떤 층위에 마케팅 초점을 맞추느냐에 따라 전략도 달라지고 브랜드 이미지 역시 달라진다.

자기 자신을 표현할 때도 마케팅의 세 가지 가치는 적용된다. 학생들에게 자기소개를 시켜 보면 어떤 이는 출생지, 출신 학교, 수상 경력 같은 구체적 사실을 강조한다. 이는 자기 브랜드의 실제가치를 드러내는 방식이다. 또 어떤 학생은 성격이나 태도, MBTI 같은 성향을 언급하며 자신을 소개한다. 이는 핵심가치에 초점을 맞추는 것이다. 또 다른 학생은 교우 관계, 소속 동아리, 참여하는 활동 등을 강조한다. 이는 미래의 가능성을 담은 확장가치에 해당한다. 모두 다르게 들리지만 결국 자신이 중요하게 생각하는 가치의 차원이 자기소개 방식에 그대로 투영되는 것이다.

'나'라는 브랜드를 마케팅할 때도 마찬가지다. 어떤 이는 적극성과 리더십을 핵심적 가치로 내세우고, 어떤 이는 화려한 이력과 스펙을 실제가치로 강조한다. 또 어떤 이는 인맥과 네트워크를 기반으로 한 확장적 가능성을 보여주려 한다. 정답은 없다. 중요한 것은 자기 브랜드를 가장 효과적으로 드러낼 수 있는 차원을 선택하고 그것을 일관되게 표현하는 것이다. 그럴 때 '나'는 타인의 기억 속에서 차별적으로 자리 잡는다.

여행의 설렘이든 호텔의 편안함이든 마일리지의 축적이든 결국 자신에게 올바른 가치가 무엇인지 분명히 아는 사람이 현명한 선택을 할 수 있다. 관계를 맺고 인생의 방향을 잡을 때도 나에게 무엇이 중요한지 스스로 정의하는 순간부터 진짜 경영이 시작된다.

결론은 언제든지 수정될 수 있는
가설일 뿐이다

둘째 아이가 초등학교 저학년이었을 때다. 어느 날 집에 들어오자마자 이렇게 선언했다. "아빠, 나 크면 저기 학원 1층 편의점에서 일할 거야." 이유를 묻자 아주 진지한 표정으로 계산을 시작했다. "학원 애들이 하루에 몇 명이고 전부 쉬는 시간마다 뭘 사 먹으니까…. 그럼 돈을 엄청 벌지." 손가락으로 공중에 숫자를 그리며 내린 결론은 놀라웠다. 데이터 기반 사고의 초기 형태였달까. 다만 한 가지를 모르고 있었다. "그런데 편의점에서 일하면 시급밖에 못 받아. 진짜 돈을 버는 건 사장님이야." 나는 비용과 로열티 구조까지 덧붙여 설명했다. 그러자 아이는 눈도 깜빡이지 않고 말했다. "아… 그럼 난 사장 할게. 아니, 그냥 본사 사장 할래." 웃음이 났다. 상황 파악과 정보 업데이트, 그리고 결론 수정. 군더더기 없는 의사 결정 구조다.

사람들은 매 순간 정보를 접하며 살아간다. 정보가 넘치는 시대지만 정작 중요한 것은 정보의 양이 아니라 질이다. 유입되는 정보의 성격이 바뀌면 그에 따른 결론도 마땅히 수정되어야 한다. 하지만 일상에서 사람들을 관찰해 보면 인생의 중요한 갈림길에서 활용하는 정보의 출처가 놀라울 정도로 편협하다는 사실을 깨닫게 된다. 가까운 친구나 선배의 조언, 부모님의 주관적인 견해 혹은 포털에 올라온 몇 개의 후기가 정보의 전부인 경우가 허다하다. 예상보다 빈약한 근거에 기대 인생의 중대한 방향을 설정하는 셈이다.

단순히 감(感)이나 주변 평판에 의존하는 방식으로는 복잡한 현대 사회에서 올바른 선택을 하기 어렵다. 오늘날 의사 결정은 철저히 데이터 기반이어야 한다. 경영학에서는 이를 마케팅 조사라 일컫는다. 시장의 객관적인 상황과 수요, 경쟁 구도, 타인의 반응을 수치와 실증적 자료로 읽어내 판단하는 치열한 과정이다. 수집한 정보의 질이 내가 내리는 선택의 질을 결정짓는다.

이 과정에서 가장 먼저 경계해야 할 것은 정보의 폐쇄성이다. 중요한 결정을 앞두고 있다면 무엇보다 정보의 출처부터 넓혀야 한다. 책상에 앉아 검색하는 데이터에만 의존할 것이 아니라 생생한 현장의 목소리를 듣고 해당 분야 전문가의 식견을 구하며 다각도로 정보를 수집해야 한다. 타인에게 들은 말을 곧이곧대로 믿기보다 비판적인 시각으로 의심하고 검증하는 과정이 반드시 선행되어야 한다. 검증되지 않은 정보는 판단을 흐리는 독이 되기 때문이다.

피터 드러커는 "잘못된 일을 효율적으로 하는 것만큼 쓸모없는 일은 없다"라고 말했다. 기초가 되는 정보가 잘못되었다면 그 위에 세운 결론은 아무리 정교하고 성실하게 실행해도 결국 헛수고에 불과하다. 현명한 사람들은 자신의 결론을 단 하나의 정답으로 고착시키지 않고 언제든 수정 가능한 가설처럼 다루는 유연함을 발휘한다. 결론을 바꾸고 싶다면 질문을 바꿔야 하고 질문을 바꾸려면 받아들이는 정보의 질부터 혁신해야 한다.

지혜로운 사람은 새로운 정보가 유입되었을 때 기존의 고집을 버리고 기꺼이 결론을 업데이트할 줄 안다. 과거의 판단에 매몰되지 않고 기민하게 새로운 것을 배우며 필요하다면 과감히 방향을 트는 유연함을 가져야 한다. 그런 기동성을 가진 사람이 정체되지 않고 더 멀리 나아간다. 의사 결정의 본질은 한번 내린 결론을 고수하는 것이 아니라 더 나은 정보를 바탕으로 끊임없이 최선의 답을 찾아가는 과정에 있다.

플랜 B는 전략적 민첩성을 위한 자산이다

박사과정에서는 종합시험을 통과해야 논문을 시작할 수 있다. 듀크에서는 이틀 동안 진행되었고 첫날은 공통 4과목, 둘째 날은 전공 시험이었다. 계량 마케팅을 전공한 나는 통계와 수리 모형에는 자신이 있었기 때문에 소비자 행동 과목을 더 열심히 준비했다. 결과는 예상 밖이었다. 첫날 4과목은 무난히 통과했지만 정작 전공 시험에서 낙방했다. 지도 교수님이 출제한 시험이었기에 충격은 더 컸다.

낙심해서 찾아간 연구실에서 만난 교수님의 반응은 담담했다. "잘 썼는데 조금 부족했네. 6개월 후에 전공만 다시 보게." "나도 떨어진 적 있어. 다시 보면 돼." 그 말은 위로이자 처방이었다. 실패를 종결이 아니라 잠시 멈춤으로 보라는 요청이었다.

스승은 철저한 방목주의를 고수했다. 주제를 주지 않았고 학생이 아이디어를 들고 와야 응답했다. 성과가 없으면 "짐 싸라"고 말할 만큼 기준이 냉정했다. 그런 태도에는 한 가지 확신이 있었다. 넘어져도 스스로 일어서는 힘을 키우라는 것이다. 훗날 두 학생이 종합시험에서 미끄러졌을 때 나도 같은 말을 건넸다. "나도 떨어진 적 있어. 다시 하면 돼."

돌이켜 보면 큰 실패라 불렀던 순간 중 상당수는 시간이 지나면 그렇게까지 아파할 일이 아니었다. 특히 두 번째 기회가 열려 있다면 더 그렇다. 중요한 것은 실패 그 자체가 아니라 실패 이후의 속도다. 여기서 속도를 결정하는 변수가 플랜 B다. 플랜 B는 실패한 순간에 하늘에서 떨어지지 않는다. 미리 그려 둔 사람에게만 온다.

경영학에서는 시나리오 플래닝이라 부른다. 하나의 미래에 모든 것을 거는 대신 여러 경로를 가정하고 대응안을 준비한다. 플랜 B는 예비안이 아니라 전략적 민첩성을 위한 자산이다. 진짜 강함은 흔들리지 않는 데 있는 것이 아니라 흔들린 뒤 균형을 회복하는 속도에 있다.

좋은 플랜 B는 시장 감지에서 시작한다. 환경 변화를 예민하게 읽고 신호의 의미를 해석하는 힘이다. 숫자를 모으는 것에 그치지 않고 지금 일어나는 변화가 계획에 주는 메시지를 번역한다. 개인도 같다. 생활 리듬, 관계, 건강, 일의 흐름에서 일어나는 작은 변화를 읽어야 한다. 작은 신호를 놓치면 큰 전환에서 뒤늦게 허둥댄다.

마음가짐의 토대는 성장형 사고다. "나는 실패한 것이 아니라 실패를 통해 배우고 있다." 이런 관점이 있어야 플랜 B가 작동한다. 준비되지 않은 사람은 실패 앞에서 주저앉는다. 준비된 사람은 실패 위에서 다시 일어선다.

전략학자 헨리 민츠버그의 말처럼 전략은 계획표가 아니라 행동과 반응 속에서 만들어진다. 종합시험 낙방은 커리어의 흠집이 아니었다. 전략가로 성숙해지는 통과의례였다. 실패는 마음이 가장 흔들릴 때 찾아온다. 그 마음을 세우는 과정이 바로 전략의 일부다.

타이밍의 역설 또는 하늘의 전략 :
선택의 마지막 문을 여는 힘

인생에는 타이밍이라는 변수가 있다. 아무리 뛰어난 전략과 성실한 실행이 있어도 마지막 문을 여는 힘은 때때로 타이밍이 쥐고 있다. 예상하지 못한 순간 문이 열리며 인생을 전혀 다른 길로 데려가기도 한다. 사람들은 운명이라 부르지만 경영학에서는 불완전 정보 속 의사결정 또는 기회와 계획의 비대칭성이라 설명한다.

나의 한국 교수 생활도 그런 순간에 시작되었다. 유학 가기 전에도 한국 학계와 인연이 거의 없었고 친구들조차 "한국에서 교수가 되는 건 꿈도 꾸지 말라"고 했다. 미국에서 자리 잡을 계획으로 박사과정을 준비했고 지도 교수님도 그 길을 전제로 나를 훈련시켰다.

어느 겨울, 지원서를 넣었던 한림대학교로부터 논문 발표 요청이 왔다. 미국 UC 계열 대학 임용이 사실상 확정되어 인터뷰까지 마친 상황에서 굳이 비행기값을 들여 한국에 올 필요는 없었다. 그러나 설명하기 어려운 내적 신호가 있었다. 계산이 아니라 직감에 가까웠던 그 감각은 결국 나를 비행기에 오르게 했다.

발표 당일 분위기는 담백했다. 이미 2명의 지원자가 발표를 마쳤고 나를 향한 태도도 특별히 다정하지 않았다. 쓸데없이 갔다고 하는 이들도 있었지만 나는 그날의 선택을 하나의 가능성으로 받아들였다. 며칠 뒤 크리스마스이브에 한 통의 전화가 왔다. "임용을 확정했습니다." 10일 후 캘리포니아에서도 임용 연락이 왔다. 단 열흘의 시차가 인생의 큰 방향을 바꾸었다.

전략은 타이밍을 따라간다. 타이밍은 때때로 인간이 아닌 하늘의 전략일 수도 있다. KAIST, 고려대로 이어지는 이동에서도 비슷한 경험이 반복되었다. 겉으로 보면 치밀한 경력 관리 같지만 실제로는 준비된 노력 앞에 뜻밖의 문이 열렸을 뿐이다. 준비는 인간의 몫, 타이밍은 하늘의 몫. 그때마다 확인한 사실은 하나다. "타이밍은 하늘이 준비한 전략이고 전략은 인간이 준비한 타이밍이다."

중요한 것은 나에게 주어진 선택지가 아니었다. 어떤 선택이든 그것을 받아들이는 힘이 중요하다. 만약 캘리포니아에서 먼저 연락이 왔다면 나는 한국에 돌아오지 않았을 것이다. 그러나 먼저 주어진 현실을 기쁘게 받아들였고 그 수용이 인생의 방향을 바꾸었다.

경제 조직 내에서의 의사 결정 과정을 연구한 공로로 노벨상을 받은 허버트 사이먼은 이렇게 말했다. "인간은 완벽한 결정을 내리지 못한다. 다만 충분히 괜찮은 결정을 선택할 뿐이다." 의사 결정에서 중요한 것은 실패나 어긋남이 아니다. 그 자리에서 다시 시작할 수 있는 마음의 관성, 완벽하지 않아도 지금의 선택에 헌신하는 용기다.

미국 엔터테인먼트 역사상 가장 다재다능한 인물 중 한 명으로 꼽히는 가수이며 배우인 새미 데이비스 주니어는 이런 질문을 던진다. "인생의 모든 순간 당신은 두 가지 선택에 직면한다. 성장을 향해 앞으로 나아갈 것인가, 안전을 위해 뒤로 물러날 것인가." 나는 전자를 택했다. 시간이 지나니 그것이야말로 가장 경영학적인 선택이었다.

당신은 완벽한 정보 속에서 선택하지 않는다. 준비하고 질문하고 본질을 보고 작은 신호를 읽고 실패 위에서 다시 일어서면 타이밍은 어느 순간 당신의 편이 된다. 그때 방향이 결정된다.

관계경영

People & Communication

✦

사람을 얻는 일은 계산이 아니라
태도가 쌓인 결과다

사람의 마음을 얻고
관계를 유지하는 관계경영

대학생 시절, 나는 아주 우스꽝스러운 원칙을 세웠다. "방학에는 학교에 가지 않는다." 별 이유가 있었던 것은 아니다. 누가 시킨 것도 아니고 원칙에 무슨 의미가 있었던 것도 아니다. 그저 스스로 정한 원칙을 지키고 싶었을 뿐이었다. 그래서 여름방학과 겨울방학 내내 단 한 번도 캠퍼스 안에 들어가지 않았다. 과사무실에 들러야 할 일이 생기면 친구에게 부탁했다. 지금 생각하면 웃음이 나는 일이다. 황당했던 그 원칙이 유지된 이유는 단 하나, 주변에 정말 좋은 친구들이 많았기 때문이었다.

그렇게 좋은 친구들도 나에게 실망했던 순간이 있었다. 첫 학기 그들이 친절하게 건네준 노트 필기를 참고해 열심히 공부한 나는 예상보다 높은 성적을 받았다. 나는 강남 출신 '범생이'에 대한 고정관념을 비껴가고 싶었다. 그래서 친구들이 나를 늘 노는 녀석으로 생각하도록 은근히 이미지를 만들어두었다. 그러나 결과는 달랐고 친구들이 느꼈을 놀라움과 약간의 배신감까지도 지금은 추억이다. 그 역시 관계의 일부분이었고 겉모습만 보고 사람을 판단하는 실수를 서로 배우던 시기였다.

대학생 시절 내가 했던 유일한 노력은 나도 친구들에게 도움이 되는 사람이 되려고 했다는 점이다. 누군가의 손을 빌린다면 다른 방식으로라도 반드시 보답하자고 마음먹었다. 관계는 억지로 만들거나 계산으로 유지되는 것이 아니다. 시간이 쌓이고 신뢰가 축적될 때 비로소 생기는 관계 자본(relational capital)이다. 경영학에서는 이를 사회적 자본(social capital)이라고 부른다. 자본은 돈에 국한되는 것이 아니다. 가장 중요한 자본은 결국 사람을 통해 움직인다.

고려대학교 AMP(최고경영자과정) 주임교수로 있으면서 수많은 산업계 리더를 만났고 내가 할 수 있는 방식으로 그들에게 기여하려고 노력했다. 직접 컨설팅을 하지 않아도 서로 도움이 될 사람들을 연결해주는 일은 내게도 즐거움이었다. 좋은 소개가 좋은 기회를 만들고 그 과정에서 신뢰는 더욱 단단해진다. 경영학에서 말하는 약한 연결(weak ties), 즉 느슨하지만 신뢰가 기반이 되는 인연이 새 기회를 만든다는 마크 그래노베터의 이론을 현실에서도 확인한 셈이다.

인생에서 좋은 사람을 얻는 일보다 더 소중한 일은 많지 않다. 좋은 사람을 얻는 능력, 관계를 지키는 능력, 이 두 가지는 기업에서도 인생에서도 가장 강력한 무형자산이다. 기술과 자본은 사라질 수 있지만 함께 시간을 견디며 생긴 신뢰는 시간이 지날수록 가치가 커진다.

관계 자본을 축적하는 기본 설계

관계는 감정으로 시작되지만 우연으로 유지되지는 않는다. 좋은 관계는 오래 함께할 수 있는 방식으로 설계될 때 힘을 갖는다. 기대와 호감만으로는 부족하고 반복 가능한 기여와 신뢰가 필요하다.

- **기여 의도 점검**
  나는 이 관계에서 무엇을 얻기보다 무엇을 기여하려 하고 있는가?

- **상호성 기준 확인**
  도움을 받았다면 나는 다른 방식으로라도 되돌려주고 있는가?

- **관계 밀도 선택**
  이 관계는 자주, 깊게 유지할 관계인가, 느슨하게 이어갈 관계인가?

- **신뢰 축적 방식 점검**
  말보다 시간과 행동으로 신뢰를 쌓고 있는가?

"사람은 당신이 무슨 말을 했는지는 잊지만 어떤 기분을 느끼게 했는지는 오래 기억한다." 마야 안젤루의 이 문장은 관계경영의 핵심을 정확히 짚어낸다. 좋은 기억을 남기는 사람, 곁에 두고 싶은 사람이 된다는 것은 결국 관계를 경영하는 일과 같다. 화려한 말솜씨가 아니라 진심과 성실, 작은 배려를 꾸준히 쌓는 과정에서 완성된다. 이러한 태도야말로 사람의 마음을 얻고 관계를 지탱하는 가장 본질적이며 지속적인 방식이다.

진심이 기본이라면
전략은 진심을 지키는 기술이다

MBA 시절, 미국 경영학계는 일본 기업을 거의 숭배하는 분위기였다. 토요타와 소니가 세계시장을 장악했고 강의실의 케이스 스터디 대부분도 일본 기업이었다. 그런 분위기 속에서 예상치 못한 장벽과 마주했다. 국적이라는 벽이었다. 팀 과제가 많은 MBA 수업에서 동기들이 나에게 가장 먼저 한 질문은 일본인이냐는 것이었다. 내가 아니라고 대답하는 순간 그들은 자연스럽게 돌아섰다. 영어가 서툴러도 일본 학생들은 경쟁적으로 데려갔지만 적당히 영어가 되는 나는 외면당했다. 국력이 만든 위계, 일본에 비해 후발 산업국 국민이라는 꼬리표가 피부에 와닿는 순간이었다.

특히 비즈니스게임 프로젝트는 기억에 오래 남는다. 도쿄대 출신 카츠와 미국 학생 4명과 한 팀이 되었다. 그중 한 명은 일본에 열광하는 학생이었다. 회의에서 내가 의견을 말하면 듣는 둥 마는 둥 하면서 카츠가 같은 내용을 반복하면 "멋진 아이디어!"라고 반응했다. 심지어 카츠가 "이건 상용이가 말한 거야"라고 힘주어 말해야만 내 의견이 받아들여졌다. 프로젝트 이후 동료 평가에서 그는 나에게 최하점을 주었고 "다시는 같은 팀이 되지 않게 해달라"는 요청까지 남겼다. 나는 똑같이 하지 못했다. 그때까지도 나는 좋은 사람이어야 한다는 강박적 태도에 머물러 있었다.

시간이 흐르며 깨달았다. 그 냉정함에는 나름의 합리성이 있었다. 지금은 한국 대학에서도 팀 프로젝트 후 동료 평가가 자연스럽고 더 솔직한 피드백이 오간다. 함께하기 어려운 사람과 억지로 함께할 필요가 없다는 사실도 익숙해졌다. 미국이라는 타 문화 속에서 관계는 마음만으로 이루어지는 것이 아니라는 것을 배웠다. 진심이 기본이라면 전략은 진심을 지키는 기술이다.

관계도 마찬가지다. 보여주는 방식, 서는 자리, 접근 순서, 이것이 관계의 전략이다. 억울함을 감내하며 존재를 증명하는 방식보다 처음부터 적절한 포지션을 확보하는 것이 더 멀리 가는 길이다. 국적, 첫인상처럼 외형적 요인이 크게 작용하는 냉정한 세계라면 더욱 그렇다.

다음 몇 가지 사항을 염두에 두면 관계 설정에서 생길 수 있는 오해와 실수를 줄일 수 있을 것이다.

- 나의 강점이 가장 잘 드러나는 자리를 먼저 확보한다.
- 경계선을 지키는 것은 예의이므로 편하지 않은 관계에 억지로 머물지 않는다.
- 상대의 반응을 관찰하며 준비된 순간과 마음이 열리는 지점을 읽는다.
- 억울함에 머물기보다 개인의 문제가 아닌 구조를 조정한다.
- 전략의 힘은 무엇을 얼마나 잘하느냐보다 언제 무엇을 먼저 하느냐의 순서에서 나온다는 점을 기억한다.

관계경영은 사람을 이용하는 기술이 아니다. 나의 진심을 올바르게 배치하고 지키는 전략이다. 따뜻함으로 시작해도 좋지만 냉정함이 관계를 오래 유지시킨다.

이미지 포지셔닝과 관계의 첫 단추

강의실에 들어가기 전 복도에서 학생들을 많이 마주친다. 대부분은 눈인사나 목례로 예의를 지킨다. 하지만 가끔, 심지어 내 수업을 듣는 학생임에도 불구하고 고개를 돌리거나 모른 척 지나가는 경우가 있다. 나는 얼굴과 이름을 꽤 잘 기억하는 편이라 그 학생이 내 수업을 듣고 있는지 금방 알아챈다. 그러면 일부러 이름을 불러 세운다. "졸업은 언제 하니?" "군 입대 준비는 잘 되고?" 먼저 말을 걸면 그다음부터는 나를 보고 피하지 않는다.

나는 어릴 때부터 인사를 잘한다고 칭찬받았다. 그래서 인사를 하지 않는 태도가 잘 이해되지 않았다. "상대가 나를 못 알아보면 어색한데?"라고 망설일 수는 있다. 내가 인사했는데 상대가 못 알아봤다면 그것은 상대의 문제다. 반대로 내가 인사를 하지 않았는데 상대가 나를 알아봤다면 불필요하게 나쁜 인상을 남긴다. 인사는 결국 손해를 피하는 가장 단순한 자기 보호 기제다.

마케팅의 핵심은 포지셔닝(positioning)이다. 고객의 머릿속에 어떤 이미지로 자리 잡느냐가 브랜드 성패를 좌우한다. 관계에서도 마찬가지다. 인사라는 짧은 행동 하나가 나를 성실하고 열린 사람으로 각인시킨다. 반대로 무심히 지나친 한순간은 나를 무례한 사람으로 만들

수도 있다. 결국 인사는 나라는 브랜드를 관리하는 가장 단순하면서도 강력한 수단이다.

인사는 위계의 문제가 아니다. 윗사람, 아랫사람, 동료, 심지어 처음 보는 사람에게도 인사를 잘해서 손해 볼 일은 없다. 음식점 주인에게 "지난번에 너무 맛있어서 또 왔습니다"라고 밝게 인사하면 종종 디저트나 반찬 하나가 더 나온다. 인사는 세금이 없다. 비용이 제로인 투자다. 그렇다면 인사를 하지 않아야 할 이유가 있을까?

심리학자 윌리엄 제임스는 말했다. "인간은 인정받고 싶어 하는 욕구로 움직인다." 인사는 이 욕구를 충족시키는 가장 단순한 방법이다. 짧은 인사 한 번에 상대는 존중받았다고 느끼고 관계는 부드러워진다. '예의는 전략'이라고 하는 것은 이를 두고 하는 말이다. 예의를 갖춘 사람에게 기회가 먼저 간다는 것을 기억해야 한다. 경영에서도 신뢰는 작은 제스처에서 시작된다. 결국 인사는 인간관계의 첫 단추이며 첫 단추가 잘 끼워질수록 커뮤니케이션도 협업도 기회도 열린다.

브랜드의 성공 여부는
첫 노출 순간 결정된다

교수직을 시작한 이후 대학원 입시 면접을 여러 번 진행했다. 그 과정에서 알게 된 사실이 하나 있다. 제법 많은 지원자가 첫인상에서 이미 감점을 받고 시작한다는 것이다. 특별히 잘못한 것도 아니다. 단지 복장 문제다. 면접에서 복장은 공식적인 평가 항목은 아니다. 그러나 단정하지 못한 복장은 면접관의 무의식 속에 부정적 인상을 남기고 그 인상은 이후 답변을 해석하는 프레임이 된다. 보이지 않는 감점이다.

나는 면접관으로서 지원자에게 예의를 갖추기 위해 정장을 입는다. 지원자 역시 자신의 철학이나 확고한 스타일이 없다면 정장이 안전한 선택이다. 간혹 단정하지 못한 복장으로 온 학생에게 묻는다. "기업 면접에도 이렇게 오겠습니까?" 놀랍게도 많은 학생이 대학원 면접은 가볍게 생각한다. 그러나 대학원은 지식의 확장을 함께할 파트너를 선택하는 자리다. 첫 만남을 허술하게 준비한다는 것은 스스로 기회를 좁히는 일이다.

또 하나 아쉬운 점은 준비 태도다. 기업 면접에는 밤새 회사 자료를 분석하고 임원진 프로필을 살피는 학생들이 대학원 면접에는 학교 연구 방향이나 교수의 전공조차 모르고 들어오는 경우가 있다. 면접은 단순히 합격을 결정하는 순간이 아니라 학문적 대화를 시작하는 무대다. 무대에 오르기 전 준비는 예의이자 자기 존중이다.

경영학에서 제품을 시장에 처음 선보이는 순간은 매우 중요하다. 품질과 기능이 아무리 좋아도 패키징이 허술하면 고객은 제품을 신뢰하지 않는다. 패키지는 브랜드의 첫 언어다. 개인에게 복장 역시 마찬가지다. 옷은 단순한 천이 아니라 "나는 이런 사람입니다"라고 말하는 첫 메시지다.

관계의 첫인상을 관리하는 포지셔닝 점검

관계는 첫 만남에서 이미 방향이 정해지는 경우가 많다. 첫인상은 성격이 아니라 태도와 준비 수준의 결과다. 한번 만들어진 이미지는 생각보다 오래 남아 이후의 관계를 이끈다.

• 첫 노출 인식 점검
나는 지금 어떤 이미지로 먼저 기억되고 있는가?

• 기본 예의 점검
인사, 태도, 응답 속도에서 불필요한 감점 요인은 없는가?

• 준비 신호 확인
복장, 자료, 말투는 나 자신을 존중한다는 신호를 주고 있는가?

• 일관성 유지 점검
첫인상과 이후 행동 사이에 어긋남은 없는가?

피터 드러커는 말한다. "마케팅의 목적은 고객이 저절로 찾아오도록 만드는 것이다." 면접에서 단정한 복장과 준비된 태도, 침착한 표정과 명료한 말은 나라는 브랜드에 대한 신뢰를 만든다. 인생에서 면접은 특정 시기에만 있는 이벤트가 아니다. 새로운 조직에 들어갈 때, 처음 누군가를 만날 때, 새로운 관계를 만들 때 등 인생의 새로운 전환점에서 사람들은 계속 면접을 보게 된다.

단정한 복장은 단순한 형식이 아니다. 나 자신을 존중하는 방식이며 상대에게 보내는 신뢰의 첫 신호다. 사람들은 늘 '시장에 출시되는 나'로 살아간다. 첫인상이라는 포장에 조금 더 공을 들일 이유는 넘치도록 많다.

기대와 감사의 경제학

졸업 후 연락이 없던 제자가 어느 날 갑자기 연락을 할 때는 경험상 두 가지 경우다. 하나는 유학이나 대학원 진학을 위해 추천서를 부탁하기 위해서고 또 하나는 결혼을 앞두고 주례를 부탁하기 위해서다. 인생에서 중요한 전환점을 맞는 순간 도움을 청하러 찾아오는 것이니 모두 축하할 일이다. 결혼은 그 자체로 기쁜 일이고 더 공부하겠다는 선택은 그만큼 용기와 결심이 필요하니 응원해주고 싶은 마음이 든다. 특별한 사정이 없는 한 흔쾌히 그들의 요청을 수락한다. 인생의 큰 갈림길 앞에서 제자가 나를 떠올렸다는 사실 자체가 고마운 일이다.

이런 경험이 잦다 보니 한 가지 흥미로운 패턴을 발견하게 되었다. 추천서를 요청하는 제자들이 대체로 두 부류로 나뉘는 것이다. 첫째는 대학 시절 성적도 좋고 태도도 모범적이었던 학생들이다. 이들은 추천서를 요청할 때도 비교적 당당하고 나로서도 추천서를 써주지 못할 이유가 없다. 이미 서로가 기대하는 바가 분명하다. 학생은 교수가 당연히 써줄 것이라고 생각하고 나 역시 큰 고민 없이 수락한다. 자연스럽고 매끄러운 과정이다.

두 번째는 성적이 평범하거나 그보다 조금 부족했던 학생들이다. 이들은 추천서를 요청하기까지 오랜 시간을 망설인다. 혹시 거절당하면 어쩌나, 교수가 실망하지는 않을까, 괜히 폐만 끼치는 건 아닐까…. 그런 마음이 다 느껴질 정도로 조심스럽게 연락한다. 심지어 묻지도 않았는데 "교수님, 저 성적이 좋지 않아서…"라고 먼저 밝히기도 한다. 이들의 마음을 이미 알고 있기 때문에 더 따뜻하게 대하게 된다. 용기를 냈다는 사실이 이미 절반의 성공과 다름없다.

흥미로운 점은 두 부류 중에서 후자의 학생들이 더 크게 고마워한다는 점이다. 성적이 좋았던 학생들은 추천서를 받는 것이 자연스러운 일이기 때문에 감사의 표현도 담백한 편이다. 하지만 성적이 뛰어나지 않았던 제자는 거절당할 수도 있다는 두려움 때문인지 추천서를 받았을 때 고마워하는 감정이 훨씬 크다. 그들은 나중에 진학한 뒤에도 종종 연락을 하고 명절이나 생일 같은 날 인사도 보내며 관계를 오랫동안 이어 간다. 기대를 넘는 도움을 받았을 때 사람의 마음은 자연스럽게 더 깊이 움직인다.

경영학에서는 이를 고객 만족 이론으로 설명한다. 고객은 기대치 대비 실제 경험이 좋을 때 큰 만족을 느낀다. 기대에 미치지 못하면 불만족을 느끼고 기대한 만큼이면 무난하다고 느낄 뿐이다. 올림픽 시상식에서 금메달을 놓친 은메달리스트보다 동메달리스트가 더 환하게 웃는 이유도 여기에 있다. 동메달리스트는 메달권 밖을 경험할 뻔한 심려가 있었기 때문이고 은메달리스트는 원래 금메달을 기대했기 때문이다. 허름한 식당에 들어갔다가 의외로 맛있는 음식을 먹고 나올 때 기분이 더 좋은 것도 같은 원리다.

사람과 사람의 관계에서도 이 법칙은 그대로 작동한다. 기대를 넘어서는 도움은 오래 기억되고 그 기억은 신뢰로 쌓인다. 나는 제자들이 용기 내어 보내는 연락을 단순한 요청으로만 받아들이지 않는다. 그들은 인생의 중요한 순간에 믿을 수 있는 어른을 찾고자 한 것이다. 그 순간에 내가 그들의 기대를 조금이라도 넘어설 수 있다면 대학 교수가 누릴 수 있는 가장 깊은 보람 중 하나라고 생각한다. 감사는 마음에서 나오지만 감사에 이르는 길은 언제나 기대라는 문을 통과한다. 그래서 가능하면 제자들의 부탁을 들어주려고 한다. 감사와 신뢰는 그렇게 또 한 번 쌓여 간다.

시간이 지나며
가장 큰 가치를 남기는 자본

어떤 만남은 순간적으로 스쳐 지나갔다가 세월이 지나면 돌고 돌아 더 크게 다가온다. 교수라는 직업 덕분에 매년 수백 명의 학생을 만난다. 이름을 기억하지 못한 채 지나가는 인연도 많고 당시에는 특별한 순간이라고 인식하지 못한 채 지나간 대화도 있다. 그런데 어느 날 뜻밖의 순간 전혀 예상하지 못한 자리에서 그 인연이 다시 내 앞에 선다. 그때마다 마음 한편에서 울림이 온다. '아, 내가 모르는 사이 누군가의 여정에 작은 돌을 얹었었구나.'

2007년 여름, 미국 시러큐스대학교에서 방문 교수 생활을 시작하던 날이었다. 아파트 단지에 막 도착해 짐을 옮기고 있는데 한 한국인 청년이 다가와 반갑게 인사했다. 8~9년 전 KAIST 학부 시절 내 수업을 들었던 제자였다. 게다가 학부 때 진로 상담에서 했던 내 말을 귀담아들어 해외 유학을 결심했고 스탠퍼드 석사를 거쳐 시러큐스에서 박사과정까지 하고 있다고 했다. 그의 이야기는 한동안 말문이 막히게 했다. 나는 그의 얼굴을 기억하지 못했다. 하지만 그에게 나는 인생의 이정표를 함께 세워준 은사였다. 부끄러움과 감사함을 동시에 느꼈다.

그 이후 1년 동안 그의 지도 교수로서 함께 연구를 했고 생활과 학문 양면에서 서로 힘이 되어 주었다. 그가 박사과정을 마치고 오하이오주립대 교수로 출발해 캘리포니아의 명문대에서 중견 학자로 활약하는 모습을 보면 참 신기하다. 진심을 다해 만난 인연은 시간이 지나도 사라지지 않는다는 사실을 그 학생이 증명했다.

수익처럼 숫자로 잡히지는 않지만 시간이 지나며 가장 큰 가치를 남기는 자본. 바로 관계 자본이다. 한순간의 친절, 짧은 조언, 진심 어린 태도는 가끔 상상하지 못한 방식으로 되돌아온다. 세계적인 심리학자 애덤 그랜트는 "성공은 내가 쌓은 성취보다 내가 쌓은 관계에 의해 더 많이 결정된다"고 말한다. 사람 사이에 남는 온기와 신뢰가 결국 가장 오랫동안 지속되는 힘이라는 뜻이다.

시러큐스에서 만났던 제자는 내게 큰 배움을 남겼다. 스승만 제자를 돕는 것이 아니다. 때로는 제자가 스승을 성장시킨다. 관계 자본은 조용히 축적되지만 가장 필요할 때 가장 조용하고 단단한 방식으로 사람들을 붙든다. 그 울림은 지금도 내 강의실에 남아 있다.

유지비용과 기대 가치가
관계에 미치는 영향

어떤 인연은 하루 만에 세워지고 어떤 인연은 수년의 시간이 지나서야 비로소 완성된다. 가장 인상 깊게 기억하는 제자 중 한 명은 역설적이게도 내 강의를 한 번도 들은 적이 없다. 수업 시간표가 아니라 연구실 문을 두드린 용기, 이미 정해진 길 대신 스스로의 방향을 찾으려는 태도, 그 과정에서 차곡차곡 쌓인 신뢰가 그를 제자로 만들었다.

1998년 가을, KAIST 연구실 문을 조심스럽게 두드리던 소리가 아직도 기억이 난다. 군 복무를 마치고 복학한 고려대 화학과 2학년 학생이었다. 그는 자신의 상황과 목표를 숨기지 않고 솔직하게 말했다. KAIST 학부 편입을 꿈꾸고 있다는 이야기였다. 그의 열정은 높이 평가했지만 당시의 조건과 현실을 고려하면 쉽지 않다는 점을 분명히 전했다. 그는 실망한 기색을 숨기지 못했지만 조언을 감정적으로 밀어내지 않았다. 몇 달 뒤 그는 다시 찾아왔다. 역시 합격하지 못했다며 담담하게 말했고 이번에는 다음 방향을 묻고 싶다고 했다. 나는 고려대에서 학업을 마친 뒤 더 넓은 선택지를 검토해 보라고 권했다. 그는 조언을 받아들였고 실제로 그 길을 걸었다.

시간이 흘러 그는 석사과정을 준비하며 다시 연구실을 찾았다. 이번에도 그는 막연한 기대 대신 구체적인 질문을 가져왔다. 그러나 나는 그의 성향과 잠재력이 이곳보다 더 잘 발휘될 수 있는 환경이 따로 있다고 판단했고 포항공대를 추천했다. 그는 또다시 실망했지만 마음에 들지 않는 조언이라도 한 번은 직접 걸어보겠다는 태도를 보였다. 그의 선택은 결과적으로 옳았다. 그는 포항공대에서 석사를 마쳤고 대기업을 거쳐 다시 박사과정이라는 학문의 길로 돌아왔다. 마침내 대학 교수로 자리 잡은 것이다.

그는 중요한 갈림길마다 나를 찾아왔지만 관계를 유지하기 위해 자주 연락하거나 형식적인 만남을 이어 가지는 않았다. 필요할 때만 그러나 그 순간만큼은 진지하게 문을 두드렸다. 늘 이전보다 한 단계 성장한 모습으로 다시 나타났다. 그것이 나에게는 가장 분명한 신뢰의 표시였고 말 없는 감사였다. 결국 공식적으로 스승과 제자가 되었지만 그 관계는 강의실이 아니라 시간과 선택의 누적 속에서 만들어졌다. 이 인연을 떠올릴 때마다 나는 한 문장을 되새긴다. "스스로 돕는 사람에게 우리는 작은 힘이 되어줄 뿐이다."

경영학에서는 관계가 유지되는 조건을 기대 가치와 비용의 비교로 설명한다. 관계 유지비용보다 기대 가치가 높을 때 관계는 지속된다는 논리다. 하지만 기대 가치를 결정하는 것은 정보나 계산이 아니라 반복된 선택을 통해 축적된 신뢰다. 인간관계는 그보다 단순하면서도 깊다. 계산이 아니라 태도다. 오래 함께 가는 사람은 결국 같은 방향을 보고 걷는 사람이고 막막한 순간에 누구의 손을 붙잡아야 하는지를 아는 사람이다.

제자는 강의실 안에서만 만들어지는 것은 아니다. 도움을 구할 때 자신의 상황을 정확히 설명할 줄 아는 용기, 조언을 들었을 때 즉각적인 만족보다 긴 호흡을 선택하는 태도, 성장한 모습으로 다시 돌아올 줄 아는 책임감. 이 모든 것이 쌓여 관계가 된다. 문을 두드리는 용기와 그 용기를 가볍게 흘려보내지 않는 태도, 이 두 가지가 스승과 제자를 만든다.

조직과 리더십

Organization & Leadership

조직의 생존력은 강한 의지가 아니라
유연한 적응에서 나온다

번아웃 속에서 배운
조직 적응을 위한 전략

카네기멜런에서의 첫 한 달, 점심 메뉴는 매일 같았다. 경영대학원 1층의 작은 카트 앞에서 늘 같은 말만 했다. "햄버거." 그 한 단어가 전부였다. 다른 선택지를 알아들을 자신도 없고 더 물어볼 용기도 없었다. 주는 대로 먹는 날이 이어지자 몸이 반응했다. 배탈이 났고 햄버거 냄새만 맡아도 속이 울렁거렸다. 다음 6개월 동안은 콜드컷 샌드위치로 메뉴를 바꾸어야 했다. 작은 선택조차 자유롭지 못한 환경 속에서 낯선 땅에서의 무력함을 처음으로 느꼈다.

진짜 고비는 식탁이 아니라 강의실이었다. 카네기멜런 MBA는 과제의 산과 학점 따기 어려운 수업으로 악명이 높았다. 첫 2주 동안 밤마다 가위에 눌렸다. 새벽 2시가 되면 악몽이 찾아와 잠드는 것이 두려웠다. 하루 종일 공부한 뒤 기절하듯 잠들고 다시 새벽에 일어나 도서관으로 향했다. 그렇게 버텼지만 첫 학기 성적표는 기대와 달랐고 박사과정은커녕 졸업이나 할 수 있을까 의구심이 들었다.

카네기멜런을 중간에 포기할 수도 있었다. 동기들이 오하이오주립대 입학 허가를 포기하지 않고 들고 있던 것처럼 나 역시 9월 말까지는 다시 선택할 수 있었다. 출국 전 아버지도 사립대 재정 부담을 걱정하며 오하이오주립대로 가라고 강하게 권했다. 그러나 고집을 꺾지 않았다. "딱 2년만 도와주세요. 그 이후는 제가 혼자서 해내겠습니다." 아버지는 결국 땅을 팔았다. 빚진 마음이 나를 버티게 했다. 도망치지 않겠다고, 선택을 부정하지 않겠다고 스스로를 다독였다.

그러나 몸은 정직했다. 1년이 지나자 동전 크기의 원형 탈모가 두 곳 생겼다. 여름방학 동안 치료와 인턴십을 위해 귀국했다. 여의도 대우경제연구소에서의 두 달은 또 다른 시험이었다. 누구보다 먼저 출근하고 선배들이 모두 퇴근해야만 비로소 집에 갈 수 있었다. 단순히 긴 시간이 아니라 조직 문화의 압박이 더 힘겨웠다. 유연하게 적응하려고 노력했다. 하지만 이 길이 내 길이 아닐 수 있다는 느린 자각이, 거의 포기했던 박사과정의 꿈을 다시 불러왔다. 이때의 경험은 나에게 세

가지의 가르침을 주었다.

첫째, 불안과 실패는 성장의 그림자라는 것

둘째, 포기 대신 다른 문을 두드리면 길이 열린다는 것

셋째, 흔들리더라도 꺾여 부러지지 않는 유연성이 힘이라는 것

위기는 늘 존재한다. 리스크 관리(risk management)가 필요하다. 중요한 것은 피하는 사람이 아니라 대비하는 사람이 되어야 한다는 점이다. 2008년 금융 위기 때 어떤 은행은 무너졌고 어떤 은행은 성장했다. 리먼브라더스는 단기 이익만을 좇다 무너졌지만 JP모건 체이스는 보수적 리스크 대응과 철저한 유동성 관리로 생존을 넘어 기회를 잡았다. 같은 폭풍 속에서도 전략에 따라 방향이 달라진다.

삶도 그렇다. 위기는 사람을 흔든다. 그런데 기회도 흔들림 속에서 같이 온다. 모두가 맑은 하늘을 바라지만 제대로 준비하는 사람은 구름을 읽는다. 대비가 된 사람은 비가 올 때 우산을 가지고 있다. 인생은 우리 마음과 상관없이 흘러간다. 중요한 것은 유연하게 함께 흘러가는 힘이다. 견디고 배우고 다시 일어서는 힘. 조직 환경에 적응하며 살아남아 터득한 것은 유연성의 힘이었다.

위기 국면에서는 빠른 결단보다 버틸 수 있는 구조가 먼저다. 경영학은 이럴 때 즉각적인 해답보다 최악의 상황에서도 무너지지 않는 설계를 요구한다. 지금의 선택이 살아남기 위한 경로인지부터 점검해야 한다.

- **Stress Test**

  지금 내 계획은 최악의 상황을 견딜 수 있는가?

- **Loss Cushion**

  금융기관의 자본 적정성처럼 개인도 체력, 관계, 현금 완충 장치가 필요하다.

- **Real Options Thinking**

  선택지를 유지하며 버티는 것도 전략이다. 당장 내려야 하는 결정이 답이 아니다.

- **Adaptive Leadership**

  환경이 바뀌면 계획도 바뀌어야 한다. 고집이 아니라 방향성이 중요하다.

열등감과 자기 비하의
미묘한 차이

1996년 봄, 나는 한림대학교 교수로 부임하며 귀국했다. 유학을 떠난 이후에 설립된 학교라 귀국 전까지 이름조차 생소했지만 최종 합격 통보를 받고 돌아왔다. 첫 부임지에서 만난 학생들은 언제나 특별하다. 주중에는 춘천에 거주하며 저녁이면 학생들과 함께 어울렸고 광고 동아리 활동도 물심양면으로 후원했다. 특히 예비역 고학년 남학생들이 나를 많이 따랐는데 그들과 교류하면서 뜻밖의 공통점을 발견했다. 바로 눈에 띄는 열등감과 자기 비하였다.

대부분의 학생들이 전기 전형에서 낙방한 뒤 후기 전형으로 입학했거나 재수, 반수를 경험하고 실패한 이들이었다. 이런 배경 탓인지 자신감을 잃고 스스로를 낮추는 태도가 강했다. 적당한 열등감을 갖는 것은 긍정적이라고 생각한다. 열등감은 자신을 더 나아지게 하려는 동기가 될 수 있기 때문이다. 그러나 열등감이 자기 비하로 이어지는 순간 가능성은 스스로의 손에 의해 꺾인다. 실제로 취업 시즌이 되자 대기업 문을 두드려 보지도 않고 포기하는 학생들이 많았다.

돌파구를 마련해주고 싶었다. 당시 한림대에는 대기업이 취업 설명회조차 찾아오기 힘들었고 학생들은 그것마저도 좌절로 받아들였다. 백방으로 뛰어다닌 끝에 개교 이래 처음으로 서울의 대기업 계열 증권회사가 한림대 캠퍼스에서 취업 설명회를 열도록 만들었다. 그날 강의실에 들어온 학생들의 눈빛을 잊지 못한다. "우리도 할 수 있다"는 희망이 피어오르는 순간이었다.

그해 가을 대기업 취업에 성공한 학생은 극소수였다. 중요한 것은 성공 사례를 처음으로 만들었다는 사실이다. 후배들에게 길을 열어주는 귀한 선례가 되었고 학생들의 자기 비하적 태도에 균열을 냈다. 지금은 그들 중 한 명이 대기업 최고 경영진이 되었고 우리는 여전히 자주 만나 그 시절을 회상한다. 내가 KAIST로 옮기던 날 휴가를 내고 트럭을 몰고 와 연구실 이삿짐을 옮겨준 것도 바로 그들이었다. 이삿짐보다 저녁과 술값이 더 많이 들었지만 그것조차 두고두고 웃으며 나누는 소중한 기억이 되었다.

경영학적으로 보면 열등감과 자기 비하의 차이는 동기부여와 무력감의 차이다. 앨버트 반두라(Albert Bandura)의 자기 효능감(Self-efficacy) 이론에서는 자신이 할 수 있다고 믿는 순간 행동의 질과 결과가 달라진다고 설명한다. 열등감은 자기 효능감을 자극할 수 있는 에너지지만 자기 비하는 그것을 차단한다. 조직의 리더는 구성원들에게 할 수 있다는 경험을 만들어주어야 한다. 작은 성공이라도 그 경험은 자기 비하의 굴레를 끊고 자신감을 회복시킬 수 있는 출발점이 된다.

리더십의 핵심은 열등감을 동력으로 전환하고 자기 비하를 희망으로 치환하는 환경을 만드는 것이다. 나는 그때 학생들과 함께 희망의 불씨를 지폈다고 믿는다. 그것이야말로 교육자의 리더십이며 조직을 이끄는 리더에게도 그대로 적용되는 진리다.

권한 위임의 힘 :

일본 초등학교에서 배운 리더십

1972년, 아버지의 해외 발령으로 나는 일본 효고현 니시노미야의 초등학교에 전학을 갔다. 초등학교 2학년 때였다. 일본어 한 마디도 모른 채 처음으로 교문에 들어서던 날의 긴장감은 아직도 잊혀지지 않는다. 그날 방과 후, 예상치 못한 세례식이 나를 기다리고 있었다. 반 아이들이 나를 학교 뒷마당으로 데리고 가더니 이른바 2학년 짱이 다짜고짜 주먹을 날린 것이다. 영문도 모른 채 한참을 얻어맞고 울었다. 집까지 따라온 몇몇 아이들은 다음 날 다시 싸워야 한다는 전학생의 통과의례(?)도 설명해주었다.

어머니는 놀란 나를 다독이며 담담하게 말씀하셨다. "내일 가서 정식으로 다시 맞서 싸워라." 다음 날 어쩔 수 없이 싸움판에 나섰고 이번에는 주먹도 휘둘렀지만 결과는 마찬가지였다. 또다시 흠씬 두들겨 맞은 것이다. 며칠이 지나 놀랍게도 담임선생님이 그 아이, '짱' 와다나베를 내 짝으로 지정했다. 그때부터 상황은 달라졌다. 와다나베는 가장 든든한 친구이자 보호자가 되었고 일본에서의 2년여 생활은 그 덕분에 훨씬 수월해졌다.

당시 일본은 조총련(재일본 조선인 총연합회) 활동이 활발했던 시기라

몇몇 일본 아이들은 나를 조센진이라 부르며 놀리곤 했다. 그때마다 "나는 조센진이 아니라 강코쿠진(한국인)이다"라고 항변하며 맞서 싸웠다. 불리한 상황이 될 때면 어김없이 와다나베가 나타나 내 편을 들었다. 단순히 힘이 세서가 아니라 정의감과 책임감이 남달랐던 친구였기에 가능했던 일이다.

사실 담임선생님의 태도도 흥미롭다. 첫날과 둘째 날 연달아 싸움이 있었다는 사실을 분명히 알면서도 개입하지 않았고 대신 학급 짱에게 전학생인 나를 돌보도록 권한을 부여했다. 이는 일종의 권한 위임(empowerment)이다. 조직의 모든 문제를 리더 한 사람이 직접 해결할 수는 없다. 중간 관리자에게 권한과 책임을 위임해야 조직 전체가 자율성과 질서를 동시에 가질 수 있다. 담임선생님은 와다나베를 통해 학급의 균형을 잡고 나에게는 학급에 소속될 기회를 준 셈이다.

경영학적으로 권한 위임은 단순한 업무 분장이 아니다. 구성원에게 성취감, 소속감, 자기 존경심을 키워주는 과정이다. 와다나베는 권한을 부여받음으로써 학급 내에서 자연스러운 리더십을 발휘했고 나는 그의 보호와 우정 속에서 더 적극적으로 학교생활에 참여할 수 있었다. 우리가 함께 장난치고 선생님께 발각되어 나란히 반성문을 쓰던 기억은 단순한 어린 시절의 해프닝을 넘어 리더십은 타고나는 것만이 아니라 주어진 역할과 권한을 통해 길러질 수 있다는 사실을 보여준다.

만약 둘째 날 내가 싸움을 거부하고 회피만 했다면 어땠을까? 아마도 눈에 띄지 않는 투명인간으로 지냈을지도 모른다. 그러나 싸움을 통해 주목을 받고 와다나베와 짝이 되면서 나는 다양한 활동에 참여할 수 있었고 친구들과 관계를 맺었다. 쉽게 포기하지 않는 맷집, 작은 체구에도 굴하지 않는 끈기, 꼭 윗사람만이 조직을 이끄는 것이 아니라 권한을 위임받은 동료도 충분히 리더십을 발휘할 수 있다는 깨달음은 지금도 내 삶에 남아 있다.

어린 시절 학교 뒷마당에서의 작은 싸움과 우정이, 훗날 조직을 이해하고 이끌어 가는 데 큰 밑거름이 될 줄은 그때는 몰랐다.

의사 결정과 개입의 힘 :
리더십의 경계를 세우는 기술

조직과 리더십의 핵심은 사람을 어떻게 대하느냐에 달려 있다. 신뢰를 주장하지만 실제 상황이 닥치면 많은 리더들이 두 가지 극단을 오간다. 지나친 방임 아니면 과한 개입이다. 중요한 것은 구성원이 가장 건강하게 성장할, 그 사이 지점을 찾는 것이다. 이 균형을 누구보다 먼저 집에서 아이들과의 경험을 통해 배웠다.

초등학교 4학년 때인 어느 아침, 둘째가 옆에서 신문을 읽다 갑자기 말했다. "삼성전자 주식을 사야 하는데." 처음에는 장난인 줄 알았지만 표정이 진지했다. 당시 주가가 100만 원에서 80만 원대로 떨어진 때로 아이는 집 안의 가전제품을 떠올리며 "망할 회사가 아니다"라는 나름의 논리를 세웠다. 단순하지만 놀라울 만큼 명료한 관찰이었다.

몇 달 뒤 세뱃돈을 들고 와 조심스레 말했다. "아빠, 나 통장 또 있지?" 숨겨두었던 저축 통장을 눈치챈 것이다. 그 순간 깨달았다. 이 아이는 단순히 궁금해서 질문을 던진 것이 아니었다. 자기 판단을 실행하고 책임지려는 태도를 가지고 있었다. 나는 아이 손을 잡고 증권사로 가서 계좌를 만들어주었다. 증권사 직원이 어린아이의 논리를 듣고 놀라던 기억이 아직도 생생하다.

아이에게 그 경험은 단순한 투자 이상의 의미였다. 자신의 판단으로 한 걸음을 내딛었고 그 결과를 경험한 첫 순간이었다. 이후 둘째는 투자에 지속적인 관심을 가지며 모의 투자 대회에서 상을 받았고 지금은 스스로의 미래를 설계하며 잘 살아가고 있다. 리더로서 내가 해준 일은 크지 않았다. 다만 그가 스스로 결정한 순간을 인정하고 그 결정을 현실로 옮길 수 있도록 최소한의 개입을 했을 뿐이다.

나의 유년 시절은 달랐다. 다섯 살부터 배운 피아노는 힘든 형편에도 지킨 소중한 물건이었다. 그런데 어느 날 학교에서 돌아오니 그 피아노가 사라져 있었다. 음악에 빠져 음대라도 가겠다고 할까봐 걱정되었던 어머니가 팔아버린 것이다. 이해는 가지만 그날의 상실감은 오래 남았다. 다시 건반 앞에 앉지 않은 것도 그날부터다. 집에 피아노가 있지만 아이들에게 강요하지 않았다.

경영학에서도 똑같다. 리더는 완벽한 정보 없이 결정을 내려야 한다. 진정한 리더십은 정답을 대신 내려주는 힘이 아니라 구성원이 스스로 선택하고 책임질 수 있는 환경을 설계하는 힘에서 나온다. 개인의 성장은 타율이 아니라 자율에서 시작되기 때문이다. 하버드의 존 코터도 이렇게 말했다. "진정한 리더십은 올바른 결정을 대신 내려주는 것이 아니라 스스로 내릴 수 있도록 돕는 것이다." 리더의 개입은 결론을 정하는 것이 아니라 구성원이 판단할 수 있는 기준을 함께 세우는 일에 가까워야 한다.

인생에서도 부모가 할 일은 아이의 길을 미리 정하는 것이 아니라 반 발짝 정도 물러서서 아이가 자신의 판단으로 한 걸음씩 내디딜 수 있도록 지켜보는 일이다. 조직도 다르지 않다. 구성원이 스스로 의사결정 감각을 갖도록 돕는 리더, 필요할 때만 가볍게 개입하는 리더, 책임을 맡길 줄 아는 리더, 그런 리더십 아래에서 사람은 성장하고 조직의 역량도 함께 자란다.

조직과 리더십은 개입의 기술, 경계의 온도, 신뢰의 속도를 조율하는 일이다. 작은 존중이 한 사람의 진로를 그리고, 그 존중을 바탕으로 조직 전체의 진로도 다시 그려진다. 언제 앞에 서고 언제 옆에 서고 언제 한 발 물러설 것인가? 판단을 섬세하게 다듬는 과정이 바로 리더십의 성숙이다.

최고경영자과정
주임교수로서 배운 리더십

2016년부터 3년간, 여섯 기수의 최고경영자과정(AMP) 주임교수직을 맡았다. 원래 전임 교수가 선뜻 나서지 않는 자리다. 부담이 크고 책임은 무거운데 연례행사와 관리 업무까지 만만치 않기 때문이다. 그러나 대부분 2년 임기도 버겁다지만 나는 마지막 보직일 수도 있다는 마음으로 3년을 온전히 채웠다. 그래서인지 과정 수강생들은 나를 AMP만 담당하는 특임 교수로 착각하는 경우가 많았다. 논문 쓰고 책을 집필하고 학술 활동을 하는 나의 모습을 본 적이 없는 그들에게 나는 늘 을(乙)의 입장에서 섬기는 태도만 보였기 때문이다.

교수 생활 내내 그런 방식으로 일했다. 대외협력처장을 맡았을 때도 철저히 을의 리더십을 택했다. 상대가 갑이라면 필요한 순간 기꺼이 을이 된다. 진심이 상대의 고정관념을 무너뜨리고 서로의 존중을 이끌어낸다.

AMP에는 이미 사회 최고의 성취를 이룬 사람들이 모인다. 대표, 임원, 창업가, 의사, 변호사 등 각자의 자리에서 리더인 이들이다. 자아가 강하고 자존감도 높고 본능적으로 특별 대우를 기대한다. 일반 대학원생을 상대하듯 접근하면 절대 통하지 않는다. 이들이 원하는 것은 지식 전달만이 아니라 존중과 세심한 조율, 관계의 기술이다.

피들러의 상황 적합 리더십 이론(Contingency Theory)을 현실에서 확인한 순간이었다. 리더십은 개인의 성향이 아니라 상황이 결정한다. 학생을 가르칠 때의 리더십과 최고경영자를 이끄는 리더십은 완전히 다르다. 여기에서 필요한 것은 지시형 리더가 아니라 지원형, 조율형 리더십이었다.

앞에서 지휘하기보다 뒤에서 받쳐주는 태도, 서번트 리더십(servant leadership)을 실천한 시기이기도 했다. 그렇게 하자 과정 수강생들이 나를 더 존중했고 관계는 더 단단해졌다. 이후 그 인연들은 학회장과 학장을 맡을 때 큰 힘이 되었고 사회적 자본이 어떻게 작동하는지 몸으로 배운 경험이었다.

AMP의 또 하나의 특징은 해외 연수다. 과정 수강생인 기업인들은 비즈니스석, 지도 교수인 나는 이코노미석을 타고 이동했다. 모양새만 보면 조금 씁쓸해 보이지만 바쁜 학기 중 공식적으로 여행을 떠난다는 점 그 자체로 감사한 일이다. 항공사 마일리지도 제법 쌓을 수 있었다. 불평보다 감사에 초점을 두었던 덕분에 그 시간을 즐기며 버틸 수 있었다.

가장 흥미로운 장면은 최고경영자들의 대화 방식이었다. 처음에는 각자 자신의 이야기를 쏟아낸다. 다른 사람이 듣는지 아닌지는 중요해 보이지 않았다. 그런데 투자, 부동산, 자산 증식 이야기가 나오면 분위기가 순식간에 바뀐다. 모두가 일제히 귀를 기울이고 진지한 토론이 시작된다. 매 기수마다 반복되는 장면이었다. 그 장면을 보며 집중해야 할 순간을 놓치지 않는 능력, 상황에 맞는 태도 조절의 유연함, 섬기는 자세, 이 셋이 최고경영자로 향하는 길을 만든다는 것을 확신했다.

AMP 주임교수는 육체적으로도 정신적으로도 가장 치열했던 보직이었다. 그만큼 가장 넓은 세계를 경험했고 가장 깊은 배움을 얻었다. 리더십은 지식이 아니라 상황 속에서 실천하고 견디며 축적되는 태도라는 사실을 다시 깨달았다. 리더십은 앞에 서는 법이 아니라 언제 어디에 서야 할지를 아는 능력이다.

조직을 움직이는 리더의 첫 과제

조직을 이끈다는 것은 시스템을 관리하는 일이면서 동시에 그 안에 쌓인 습관과 관성을 다루는 일이다. 겉으로 보기에 멀쩡해 보이는 조직도 조금만 들여다보면 지금은 의미를 잃어버린 관행이 여전히 반복되는 경우가 많다. 경영학의 조직 관성(organizational inertia)과 경로 의존성(path dependence)이 그대로 작동하는 장면이다. 그래서 리더가 가장 먼저 해야 할 일은 무엇을 고칠까가 아니라 우리가 왜 이렇게 하고 있는가를 묻는 일이다.

귀국 초기, 여러 기업에서 마케팅 자문을 맡았을 때도 이 질문부터 시작했다. "왜 이 방식을 선택했는가?" "처음 이렇게 정했던 배경은 무엇인가?" 돌아오는 대답은 놀라울 만큼 비슷했다. "원래 이렇게 했다." "전임자가 그랬다." "딱히 이유는 없다." 목적은 흐려지고 절차만 남아 관성처럼 이어지는 상태, 잘못 꿰어진 첫 단추를 확인하지 않은 채 다음 단추를 계속 잠그는 모습이었다. 본질을 모른 채 바꾸려 하면 방향이 어긋나고 본질을 묻지 않은 채 유지하면 조직은 서서히 쇠퇴한다.

조직 관성과 관련된 질문은 학문적 관행에서도 그대로 적용되었다. 주 5일 근무제가 정착된 뒤에도 마케팅 학회 학술 대회는 여전히 토요일에 열렸다. 한국마케팅학회 회장을 맡았을 때 나는 오래된 관행을 정면에서 물었다. "왜 꼭 토요일이어야 하는가?" 원로 교수들은 지방 교수들이 올라오기 편해서라고 말했지만 실제 환경은 이미 변해 있었다. 많은 대학이 월요일부터 목요일 중심으로 수업을 배치했고 금요일부터 일요일까지가 교수들에게는 사실상 느슨하게 가는 회복 구간이었다.

지방대학 교수들에게 직접 물었다. "토요일이 진짜 편한가?" 돌아온 답은 예상과 달랐다. 금요일부터 일요일까지가 교수들의 유일한 자유 일정이다. 토요일을 빼앗기면 오히려 일정이 더 복잡해진다. 게다가 원하는 시간의 교통편을 잡는 것조차 쉽지 않았다. 대답을 듣는 순간 질문이 더 또렷해졌다. "지금의 학술 대회 일정은 누구를 위한 것인가?" 처음 취지는 이미 사라졌고 남아 있는 것은 늘 그래왔기 때문이라는 관례뿐이었다. 싱글 루프 러닝(single-loop learning), 목표나 전제를 재검토하지 않고 기존 방식을 반복하는 상태의 전형적인 모습이었다.

금요일로 학술 대회를 옮겼다. 참여율은 높아졌고 분위기도 활기를 띠었다. 하지만 나의 회장 임기 2년이 끝난 뒤 학회는 다시 토요일로 되돌아갔다. 이유는 단 하나다. "원래 방식이니까." 변화는 한 번으로 완성되지 않는다는 사실을 다시 확인했다. 본질을 묻는 질문은 계속해서 반복되어야 의미가 생긴다는 사실을 말이다.

옳은 일을 하는 것이 일을 올바르게 하는 것보다 우선이다. 효율보

C-Level 리더십을 위한 체크포인트

조직이 복잡해질수록 리더십은 개인의 성향이 아니라 상황 대응 능력으로 평가된다. 강한 리더십은 앞에 서는 힘이 아니라 관계를 지키고 신뢰를 축적하는 방식에서 드러난다. 다음 체크포인트는 성과보다 지속 가능성을 중시하는 C-Level 리더를 위한 최소 기준이다.

- **Contingency Fit**
  상황을 읽고 태도를 전환하라. 리더십은 한 가지가 아니다.

- **Servant Power**
  섬김은 약함이 아니다. 지원이 신뢰를 만든다.

- **Respect Capital**
  존중은 가장 강력한 관계 투자다. 자존을 건드리지 말라.

- **Social Capital Build-up**
  도움을 받으려면 먼저 돕는 자리에 서라. 인연은 장기 자산이다.

다 먼저 확인해야 할 것은 지금 옳은 일을 하고 있는가다. 조직은 흔히 익숙함에 기대어 움직인다. 변화의 필요성을 알면서도 지금 당장은 문제없다는 이유로 관성을 유지한다. 그래서 리더는 모든 정답을 아는 사람이 아니라 잊힌 목적을 다시 상기시켜서 잘못된 관행에 질문을 던지고 조직의 방향을 조금씩 바로잡는 사람이다.

한국마케팅학회의 학술 대회는 지금도 토요일에 열린다. 그 결정의 옳고 그름은 조직이 앞으로 어떤 환경에 놓이는가에 따라 계속 달라질 것이다. 다만 지금도 "이 방식은 지금의 환경과 목적에 여전히 타당한 가?"라는 질문을 되뇐다. 익숙함을 한 번쯤 의심하는 용기, 본질을 반복해서 되묻는 습관, 이 두 가지가 조직을 건강하게 만들고 리더를 리더답게 하는 힘이다.

거절과 선택, 그리고 서번트 리더십

어느 조직이든 유독 많은 일을 떠안는 사람이 있다. 누군가는 중요한 일마다 슬그머니 빠져나가지만 또 다른 누군가는 늘 중심에 서서 일을 맡는다. 차이는 단순하다. 믿음을 주면서도 거절을 잘 못하는 사람이기 때문이다. 윗사람 입장에서는 당연히 일을 확실히 맡을 사람에게 다시 일을 맡기고 싶다. 그렇게 일복이 몰린다. 이런 구조가 지속 가능하려면 반드시 정당한 보상이 뒤따라야 한다. 그렇지 않으면 조직은 유능한 인재를 잃게 된다.

나는 교수 생활 내내 일복 터진 사람이라는 말을 자주 들었다. 전공 주임교수를 3연임까지 맡았고 다양한 보직을 쉼 없이 이어 갔다. 그러면서 3연임은 피하는 것이 옳다는 것도 깨달았다. 일을 맡은 본인은 지쳐 가는데 다른 사람에게 기회를 주지 못하여 원치 않게 주변에 상처를 남기기도 한다. 이후로는 어떤 자리든 3연임은 피했다.

한창 피로에 지쳐 웃음을 잃고 살던 시절, 고등학교 시절 단짝이었던 친구가 한 말을 지금도 잊을 수 없다. "세 가지 원칙에 맞지 않는 일은 하지 말라." 첫째, 내가 하고 싶은 일을 하라. 억지로 맡을 필요는 없다. 둘째, 내가 꼭 해야만 하는 일을 하라. 다른 누군가가 대신할 수 있는 일이라면 굳이 떠맡지 않아도 된다. 셋째, 나에게 가치 있는 일을 하라. 남에게만 이롭고 나에게는 아무런 의미가 없는 일은 과감히 거절해야 한다. 단순하지만 강력한 이 원칙은 내 삶을 바꾸었다. 덕분에 일복이 줄고 즐겁게 선택한 일을 하여 힘든 과정에서도 미소를 잃지 않을 수 있게 됐다.

중요한 것은 일이 줄어드는 것이 책임을 다하지 않는다는 뜻이 아니라는 점이다. 오히려 내가 진심으로 하고 싶고 해야만 하고 가치 있다고 믿는 일에 온 힘을 다하게 된다. 리더십 이론에서 말하는 경계 설정(boundary setting)과도 통한다. 리더는 모든 일을 다 떠안는 만능인이 아니라 우선순위를 세우고 자원을 집중시킬 줄 아는 사람이다.

또한 서번트 리더십과 자연스럽게 연결할 수 있다. 리더는 권위로 지시하고 성과만 요구하는 사람이 아니라 구성원을 지원하고 돕는, 섬기는 사람이어야 한다는 개념이다. 일복 터진 사람이 조직에서 자주 존경받는 이유도 여기에 있다. 그들은 누군가를 위해 묵묵히 희생하면서 조직 전체를 살리는 역할을 한다.

섬김은 희생이 아니라 지속 가능한 리더십으로 자리 잡게 한다. 결국 일복 터진 사람의 길은 두 갈래다. 끝없이 떠맡다가 소진되거나 원칙을 세워 섬김의 리더십으로 승화할 수 있다. 나는 후자를 선택했고 덕분에 일은 줄었지만 신뢰와 존경은 더 깊어졌다.

가족 경영의 기술 :
세대 변화가 보여주는 리더십의 진화

큰아들의 결혼식은 2017년 1월이었다. 전형적인 한국식 예식장 결혼식, 부모가 결정의 중심에 서던 방식이었다. 예식장 선택, 하객 규모, 식사 종류까지 주요 판단은 자연스럽게 부모의 몫이었고 아들은 그 흐름에 따랐다. 당시 나는 로스쿨을 마치고 결혼식을 올리라고 조언했지만 첫째는 혼인신고를 안 하고 동거하는 것은 절대 하지 않겠다는 보수적 입장을 굽히지 않았다. 부모가 지나치게 개입하면 관계가 틀어질 것 같았고 결국 그의 판단을 존중했다.

7년 반 뒤, 둘째 아들의 결혼은 완전히 다른 방식으로 진행되었다. 둘째는 결혼식은 신랑 신부의 행사라고 단언했고 보여주기식 형식은 거부했다. 복학 후 기숙사를 나와 여자 친구와 먼저 살림을 합쳤고 둘이 선택한 도시에서 작은 예식으로 결혼했다. 어느 날 "아빠, 우리 결혼해요"라고 말했을 때 농담 반 진담 반으로 "통보 받았네"라고 했지만 곧 깨달았다. 바로 지금 세대가 문화를 재해석하는 방식이라는 것을 말이다.

두 아들의 결혼을 나란히 바라보면 세대 간 의사 결정 방식의 변화가 아주 선명하게 드러난다. 부모 세대가 중심이던 시대에서 자녀 세대가 주도권을 갖는 시대로 말이다. 예식 형식의 변화가 아니라 의사 결정 권한이 이동하는 조직 구조의 변화였다. 리더십의 언어로 말하면 위계형 구조에서 자율형 구조로의 전환이다.

부모로서 내가 느낀 가장 큰 교훈은 이것이다. 세대 변화에 둔감한 리더는 조직의 변화를 읽지 못한다. 조직에서 환경 변화에 뒤처진 리더가 기회를 놓치거나 위기를 초래하듯, 가족이라는 조직에서도 과거 기준만 붙들고 있으면 관계가 금방 경직된다. 기성세대가 AI 기술을 따라잡기 위해 고군분투하는 모습은 세대 간 속도 차이가 얼마나 큰지를 보여준다. 배우지 않으면 금세 구식 리더가 된다!

혼사는 가족의 시작을 상징한다면 장례는 가족의 구조와 밀도를 드러내는 시간이다. 장례식장에서 나는 종종 느낀다. 후손이 많은 집안에서는 절차가 수월하고 쓸쓸함이 덜하다. 반대로 상주가 혼자인 경우 마음 한편이 더 짠해진다. 장례는 남아 있는 사람들의 연결 상태를 가장 명확하게 보여주는 조직의 지표다.

둘째를 임신하게 된 계기도 사실 장례식이었다. 첫아이를 힘겹게 키운 기억 때문에 둘째를 갖는 것이 부담스러웠지만 할머니의 장례를 치르던 날 아내가 말했다. "언젠가 우리가 세상을 떠나면 아이 혼자 장례를 치르게 되는 게 너무 쓸쓸할 것 같아."

그 순간의 감정은 계산이 아니었다. 가족이라는 조직의 지속 가능성을 고민한 리더의 판단에 가까웠다. 돌아가신 할머니가 둘째를 우리에게 보내준 셈이었다. 삶과 죽음이 맞물리며 조직의 미래가 결정되는 모습, 가족이라는 생태계가 가진 독특한 리듬이다.

경영학에서는 조직의 지속 가능성을 다음 세대 설계 능력에서 찾는다. 가족도 다르지 않다. 결혼식과 장례식은 가족이라는 조직의 시작과 끝이며 그 과정에서 세대 간 의사 결정 구조가 어떻게 변하고 재정렬되는지가 드러난다. 부모가 이를 이해하고 적응하는 것은 또 하나의 리더십이다.

두 아들의 결혼과 몇 번의 장례를 치르며 이 사실을 다시 확인했다. 가족은 경영의 대상이 아니라 지속을 위해 끊임없이 방향을 조율해야 하는 조직이다. 조직이 건강하게 작동하기 위해서는 기성세대가 변화의 감각을 잃지 않는 것은 필수다.

차별화와 경쟁력

Differentiation & Edge

✦

경쟁력은 더 잘하는 힘이 아니라
선택받는 설계다

새로운 이미지,
새로운 자리매김

MBTI 유형을 두고 사람들은 서로 다른 평가를 내린다. 사회에 나와 만난 사람들은 대체로 나를 E형이라고 확신하지만 어릴 적부터 지켜본 친구들은 I형이라고 여긴다. 사실 상황에 따라 E와 I를 오가며 살아온 것 같다. 굳이 수치로 표현하자면 51퍼센트는 I, 49퍼센트는 E 아닐까 싶다. 술에 대해서도 마찬가지다. 누군가는 내가 술을 좋아한다고 하고 또 누군가는 술을 즐기지 않는다고 말한다. 실제로는 두세 잔이 딱 좋지만 업무상 술자리가 중요할 때는 끝까지 버티며 마시기도 했다. 그 사람을 언제 어떤 상황에서 만났는가에 따라 전혀 다른 평가가 나올 수밖에 없다. 사람은 누구나 이런 양면성을 갖고 있지 않을까? 하나의 유형으로만 규정되는 경우는 많지 않다.

대학 생활을 시작하던 1983년에도 이런 복잡한 면모가 그대로 드러났다. 고등학교 때까지 나와 친했던 친구들은 대부분 법대, 경영대, 의대, 공대에 진학했는데 나는 사학과에서 새로운 동기들을 만나야 했다. 자연히 나를 이해할 배경지식이 거의 없는, 완전히 새로운 사회적 공간에 들어가게 되었다. 문제는 사학과의 분위기였다. 1980년대 초반 문사철(문학·역사·철학) 학과 학생들은 시대를 치열하게 고민한다는 자부심으로 똘똘 뭉쳐 있었고 그들 속에서 나는 금세 부르주아라는 꼬리표를 달게 되었다. 그들 눈에 나는 소주와 막걸리 대신 맥주와 칵테일을 마시던 다른 세상에서 온 아이였다. 농담이 아니다. 치열한 현실을 논하던 분위기 속에서 부르주아나 노는 녀석으로 분류되는 일은 곧 고립을 의미했고 심리적으로도 꽤 큰 충격이었다.

곱지 않은 그 시선을 견디기 어려웠다. 그들과 다르지 않다는 이미지를 만들기 위한 노력을 기울이기 시작했다. 등굣길에는 선물 받아 사용하던 대학생 가방을 집에 두고 남대문시장에서 다시 산 저렴한 가방을 들었고 나이키 운동화와 조다쉬 청바지는 어릴 적 친구들을 만날 때만 입었다. 학교에서는 월드컵 운동화와 브랜드 없는 청바지를 입었고, 신림동 순대집에서 막걸리와 소주를 마시며 어울렸다. 그럼에도 불구하고 잘 노는 부르주아라는 또 다른 이미지로 자리매김했다. 동기들이 강남역 근처로 놀러 갈 일이 생기면 뉴욕제과나 월드팝스 같은 정보를 자연스럽게 나에게 물어보았다. 나도 잘 아는 편은 아니었지만 그들보다는 조금 더 많이 알고 있던 것은 사실이었다. 그렇게 의도하지 않게 놀 줄 아는 사람이라는 이미지를 가지게 되었으며 정보 제공 자원 같은 존재가 되었다.

4월이 되어 첫 중간고사가 다가오자 이번에는 공부는 안 하는 부르주아라는 이미지가 생겼다. 친구들은 내가 너무 놀기만 한다며 걱정했고 필기 노트를 복사해 건네주며 시험공부는 해야 하지 않겠냐고 권했다. 그때 내가 새로운 자리에서 완전히 다른 사람으로 재탄생했음을 실감했다. 학과 친구들 눈에 나의 과거는 보이지 않았고 지금 이 순간의 모습만이 나를 규정했다. 의도하지 않았지만 나는 어느새 완벽하게 노는 녀석으로 재포지셔닝되어 있었다.

경영학에서 말하는 위상 정립, 즉 포지셔닝은 소비자가 인식하는 기업의 이미지를 전략적으로 설계하는 일이다. 새로운 시장에 진입한 기업이 기존 이미지를 걷어내고 새로운 이미지를 구축하는 것을 리포지셔닝(re-positioning)이라고 하는데 나의 대학교 1학년은 그 전략의 실험장이었다. 많은 글로벌 브랜드가 한국에 들어올 때 해외에서의 대중적인 이미지를 버리고 고급 브랜드로 자리매김하려고 애쓰는 것처럼 나를 둘러싼 환경에 적응하기 위해 스스로의 이미지를 새롭게 정의할 필요가 있었다. 이미지를 바꾸는 일은 우연이 아니라 시간과 노력이 필요한 전략적 선택이며 어떤 이미지를 지향할지 분명히 한 뒤 행동을 그 방향에 맞추어야 한다.

전략이란
경쟁자와 다르게 선택하는 것

대학 시절, 노는 녀석이라는 이미지로 자리 잡으면서도 마음 한쪽에서는 늘 막막함이 자리하고 있었다. 무엇을 해야 할지 감을 잡지 못하고 진로에 대한 대화도 할 수 없었다. 민주화 운동이 한창이던 시절 캠퍼스의 언어는 사회와 국가에 대한 고민이었지, 개인의 미래에 대한 계산이 아니었다. 그런 분위기 속에서 졸업을 앞둔 선배들이 조용히 행정 고시, 외무 고시, 언론 고시를 준비한다는 이야기를 들었다. 당시 사학과 출신에게 대기업 취업의 문은 거의 닫혀 있었으므로 자연스러운 선택으로 여겨졌다.

나 또한 부모님께 떳떳한 모습을 보여야 한다는 생각에 종로1가에 있는 고시 학원에 등록했다. 주말마다 미시경제와 거시경제 강의를 들었다. 주중에는 학과 친구들, 저녁에는 동네 친구들과 어울려야 했으니 주말 수업이 현실적이었다. 사교와 미래 준비를 동시에 하기 위한 선택이었으나 자연히 학과 공부 시간은 줄었고 대신 새벽 첫 버스를 타고 도서관으로 향하는 습관이 생겼다. 고된 아침 공부는 훗날 카네기 멜런과 듀크에서 경제학 과목을 자신 있게 이수할 수 있었던 단단한 기초가 되었다.

두 과목 수강이 끝나고 나는 고시 공부를 내려놓았다. 행정공무원이 된 내 모습이 도무지 그려지지 않았기 때문이다. 부모님의 기대가 출발점이 된 선택은 오래갈 수 없었다. 고등학교까지는 부모가 결정하는 방향을 따를 수 있지만 대학에서는 남의 기준으로 인생을 설계할 수는 없다는 사실을 처음으로 명확히 깨달았다. 짧고 굵었던 고시 도전은 그렇게 막을 내렸다.

하지만 뜻밖에도 경제학에 대한 흥미와 재능을 발견했다. 수학적 사고와 분석적 이해가 자연스럽게 맞물리며 경제학은 나에게 자신감과 방향성을 주었다. 석사, 박사과정에서 강점을 발휘할 수 있었던 이유도 이때 만들어진 기본기 덕분이다.

시장에서 만들어낸 경쟁력

대학교 3학년 봄, 고대 로마사 강의실에서 전환점이 찾아왔다. 교수님이 설명하던 로마 군단의 방패 벽 전술은 어느 순간 캠퍼스 정문 앞 전투경찰의 대형과 겹쳐졌다. 2,000년 전 전쟁 기술이 지금의 거리에서 그대로 재현되는 장면을 보며 혼란에 빠졌다. 역사를 공부하는 이유가 무엇인지, 이 학문이 지금의 현실을 해석하고 바꾸는 데 어떤 힘을 주는지 스스로에게 묻게 되었다. 그날 이후 전공에 대한 확신은 빠르게 흔들렸다.

고시 공부를 하며 관심을 갖게 된 경제학으로 전과를 고민했지만 현실은 냉혹했다. 전과는 거의 불가능에 가까웠고 경제학과 상위권 학생조차 대학원 입시에 실패한다는 말이 공공연했다. 진로를 바꿀 문은 닫혀 있었고 결국 군 입대를 선택하며 휴학이라는 공백을 맞이했다.

아이러니하게도 느슨했던 그 시간이 인생의 가장 중요한 배움의 장이 되었다. 오후에는 회현동 알리앙스 프랑세즈에서 프랑스어 수업을 들었고 수업 전에는 명동과 남대문시장을 매일같이 걸었다. 일부러 집에서 일찍 나와 점심을 사 먹고 골목을 천천히 훑었다. 상인들의 호객 말투, 전단지 문구, 쇼윈도의 배치, 같은 상품을 팔면서도 유난히 손님이 몰리는 가게와 늘 한산한 가게의 미묘한 차이까지 하나하나 눈에 담았다. 간판의 크기, 상품 배열 각도, 손님을 바라보는 눈빛의 온도까지 시장은 매일 새로운 질문을 던지게 했다.

그때는 몰랐지만 그것이 인생의 첫 마케팅 수업이었다. 남대문의 도깨비시장에서 미군 부대 물품과 수입 잡화를 직접 만져 보며 브랜드의 개성, 가격의 뉘앙스, 진열의 힘을 몸으로 익혔다. 몇 년 뒤 미국에서 브랜드 전략과 소비자 행동을 공부할 때 교과서 속 개념은 추상적인 이론이 아니라 내 기억 속 장면들과 정확히 맞물렸다. 다른 한국 학생들보다 브랜드의 차별성이나 소비자 반응을 빠르게 이해할 수 있었던 이유는 강의실이 아니라 시장에서 먼저 배웠기 때문이었다.

경영학에서는 이런 과정을 기회 탐색(opportunity recognition)이라 부른다. 예기치 않은 환경 속에서도 새로운 가능성을 포착하는 능력이다. 그리고 그 가능성을 끝까지 붙잡게 하는 힘이 회복 탄력성(resilience)이다. 전공에 대한 회의와 진로의 공백 속에서도 일상을 포기하지 않았고 답이 보이지 않아도 계속 움직이며 관찰했다. 그 과정에서 우연처럼 보이지만 필연에 가까운 단서들이 하나둘 연결되었다.

기업의 차별화도 다르지 않다. 경쟁우위는 문서화된 전략 보고서에서 나오지 않는다. 고객이 실제로 걷는 골목, 선택을 망설이는 진열대 앞, 무심코 지나치는 간판의 한 줄 문구 속에서 태어난다. 위기의 순간에 멈추는 조직은 뒤처지지만 그 틈을 실험실로 바꾸는 조직은 새로운 경쟁력을 만든다.

삶도 마찬가지다. 길이 막혔을 때 중요한 것은 좌절의 크기가 아니라 그 사이에서 무엇을 보고 배우느냐다. 고대 로마사 강의실에서 느낀 허무함과 남대문 골목의 조용한 관찰이 오늘의 나를 만들었다. 차별화는 거창한 결단이 아니라 막막한 순간에도 시장을 바라보는 시선을 잃어버리지 않는 태도에서 시작된다. 그것이 개인에게도, 기업에게도 지속 가능한 경쟁력이다.

선택받기 위해서 :

관점 전환과 차별화의 힘

"당신이 존경하는 사람은 누구입니까?"

수많은 대학원 면접을 진행하며 자주 던진 질문이다. 그때마다 놀라울 정도로 비슷한 답변을 들었다. 대략 3분의 2 이상의 학생이 부모님을 꼽았다. 그 답에는 진심과 효심이 담겨 있었다. 부모님을 마음 깊이 존경하는 마음은 분명 귀하다. 그러나 면접관으로서는 늘 아쉬움이 남았다. 면접관은 그들의 부모님을 알지 못하기 때문이다. 면접은 짧은 시간 안에 지원자의 생각과 가치관을 확인하는 자리인데 부모님이라는 답은 진심임에도 불구하고 그 순간을 무의미하게 만든다. 그래서 학생들에게 항상 이야기한다. "마음속으로 부모님을 가장 존경하더라도 면접에서는 다른 이름을 준비해 두는 것이 현명하다."

중요한 것은 내가 하고 싶은 말이 아니라 상대가 알고 싶은 것을 헤아리는 힘이다. 자칫 진실을 숨기는 것처럼 들릴 수도 있지만 나의 진실을 상대가 이해할 수 있는 언어로 번역하는 과정은 꼭 필요하다.

시험도 똑같다. 같은 벼락치기를 해도 어떤 학생은 선생님의 출제 의도를 읽으며 공부하고 어떤 학생은 무작정 암기한다. 결과는 다르다. 관점 전환 능력이 성패를 가른다. 이 원리는 학업을 넘어 삶 전체에 적용된다. 사람들은 모두 크고 작은 순간마다 선택을 받으며 살아간다. 어린 시절에는 선생님과 친구들에게, 직장에서는 동료와 상사에게, 사랑하는 사람에게 좋은 배우자로 선택받기를 바란다. 인생의 많은 장면이 선택의 연속이고 우리는 그 선택을 받기 위해 성장한다.

경영의 관점에서도 마찬가지다. 마케팅은 기업이 소비자에게 선택받기 위해 수행하는 모든 활동이다. 제품이 아무리 좋아도 고객의 마음을 얻지 못하면 시장에서 실패한다.

여기서 중요한 것은 억지 차별화가 아니다. 마케팅의 본질은 차별성이지만 그 차별은 고객이 원하는 가치와 연결될 때 비로소 힘을 갖는다. 면접에서 부모님 대신 다른 인물을 말하라는 조언은 단순한 기술이 아니다. 고객 중심(customer orientation)처럼 타인의 입장에서 생각할 수 있어야 한다는 뜻이다. "왜 나를 선택해야 하는가?"라는 질문 앞에서는 나의 강점을 고집하기보다 상대의 기대와 언어를 이해하는 사람이 되어야 한다.

상대방의 관점을 이해하고 내 이야기를 그 관점에 맞게 정리할 수 있는 능력, 그것이 차별화이고 설득이고 결국 선택받는 힘이다. 나는 지금도 부모님을 가장 존경한다. 그러나 면접 자리에서 이 말을 꺼내지는 않는다. 나의 진심을 숨기는 것이 아니라 상대가 나를 이해할 수 있는 방식으로 진심을 전달하려는 선택이다. 그렇게 할 때 인생은 평가받는 과정에서 벗어나 내 브랜드를 세우는 과정으로 바뀐다. 선택받는 브랜드는 내가 어떻게 관점을 전환하고 어떤 차별성을 구축하며 진심을 어떤 언어로 건네는가에 의해 결정된다.

선택받는 사람의 전략 : STP 설계

살면서 점점 더 분명해지는 사실이 있다. 인생의 많은 순간은 결국 누군가에게 선택받는 과정이라는 것이다. 학교에서는 선생님의 신뢰 명단에 들어가는 아이가 더 많은 기회를 경험한다. 직장에서는 상사가 "이 일은 당신에게 맡기고 싶다"고 염두에 두는 사람이 성장한다. 연애나 인간관계도 다르지 않다. 누군가의 마음에 들어간다는 것은 결국 그 사람이 가진 선택의 장 안에 들어간다는 뜻이다. 그래서 사람들은 본능적으로 자신을 다듬고 정렬하고 때로는 조정하며 살아간다. 하지만 '선택받기 위해 애쓰는 삶' 자체가 이미 너무 늦게 움직이는 것은 아닐까?

질문의 답을 찾은 것은 한참 MBA 과정을 버티고 있을 때였다. 팀 기반 수업이 많았던 시절 이상하리만큼 팀을 꾸리지 못했다. 언어가 불편하지도 않았고 전공 지식이나 태도에도 문제는 없었다. 그런데도 매번 조용히 남는 순간이 찾아왔다. 모두가 어느 정도 짝을 맞춰 흩어지는데 나는 종종 남는 사람 테이블에 앉아 있었다. 당시에는 이해하지 못했다. 성격이 무난해서 누구와도 잘 지낼 수 있다고 생각했는데 아이러니하게도 그것이 문제의 핵심이었다. 나는 어느 누구에게도 특별히 필요한 사람이 아니었던 것이다!

이 깨달음은 자존심을 건드렸다. 하지만 서늘한 그 감정을 통과하고 나서야 비로소 하나의 개념이 전혀 다른 의미로 다가왔다. 바로 STP(Segmentation, Targeting, Positioning)다. 마케팅 수업에서 기업이 소비자에게 선택받기 위해 사용하는 전략으로 배웠는데 어느 날 교수님의 설명을 듣다가 문득 깨달았다. "아, 이건 기업의 전략이 아니라 사람의 전략이었구나."

5대5 미팅 상황을 떠올려 보자. 사람들은 무작정 아무에게나 접근하지 않는다. 먼저 순간적으로 상대를 나누고(Segmentation), 그중 끌리는 대상을 잠정적으로 고르고(Targeting), 그 사람에게 맞는 말과 태도를 선택한다(Positioning). 나는 MBA에서 이 과정을 한 번도 제대로 하지 않았다. 누구와도 편하게 지낼 수 있는 사람이라는 인식은 듣기에는 좋지만 전략적으로는 전혀 도움이 되지 않는 포지션이었다. 어디에서나 괜찮은 사람이 어디에서도 꼭 필요한 사람은 아니었던 것이다.

비로소 선택의 구조를 거꾸로 보기 시작했다. 선택받기 위해 노력하는 사람의 삶은 늘 한발 늦다. 선택받고 싶다면 먼저 내가 선택해야 한다. 나와 맞는 환경, 나를 필요로 하는 사람, 내 강점이 빛나는 무대 등 이것들을 먼저 고르는 것이 전략의 출발점이다. 그전까지는 환경을 주어지는 것으로 받아들였지만 STP는 환경을 '설계할 수 있는 것'으로 바꾸어 놓았다.

이후 내 삶의 시장을 세분화하기 시작했다. 어떤 조직에서는 내 분석력이 빛났고, 어떤 조직에서는 내 태도가 오해되었고, 어떤 조직에서는 내가 설명하지 않아도 이해받았다. 세분화란 결국 어디에서 가장 나다워지는가를 들여다보는 과정이었다. 조직과 사람을 나누는 것이 아니라 나를 나누는 작업이었던 것이다. 그 과정에서 자연스럽게 내 자산을 가장 높게 평가할 사람들이 떠올랐다. 그들이 바로 내 핵심 고객, 타게팅 대상이다.

타게팅은 사실 성공 확률을 높이는 기술이 아니라 실패 확률을 낮추는 기술이다. MBA에서 나는 나를 필요로 하지 않는 사람들과 억지로 맞추려고 했고 그 과정에서 나의 특성은 흐려졌다. 그러나 나를 원하는 사람, 나의 장점을 읽을 줄 아는 사람, 나의 방식이 도움이 되는 환경을 선택하자 관계와 기회의 질이 근본적으로 달라졌다.

마지막 단계는 포지셔닝이다. 기업이 고객의 기억 속 특정 위치를 선점하듯 개인도 타인의 머릿속에 어떤 사람으로 기억될 것인가를 스스로 결정해야 한다. 포지셔닝은 좋은 이미지를 만드는 것이 아니라 한 줄 정의를 만드는 작업이었다. 문제를 해결하는 사람, 언제나 책임지는 사람, 새로운 관점을 제시하는 사람, 마음이 안정되는 사람 등 이런 문장이 생기는 순간 개인은 전략적 위치를 갖는다. 이를 스스로 설계하지 않으면 환경이 대신 만든다. 대신 만들어지는 정의는 대개 내가 원하는 문장이 아니다.

생각을 정리하고 STP를 삶에 적용하기 시작하니 신기하게도 적절한 팀을 구성할 수 있었다. 먼저 나에게 맞는 환경을 고르고 그 환경에서 나를 필요로 할 사람을 파악하고 그 사람들에게 어떤 모습으로 기여할지를 분명히 보여주었다. 변화는 작지만 분명했다. 더 이상 남은 사람들 테이블에 앉아 있지 않았다. 사람들은 나를 함께 일하면 시너지가 나는 사람으로 보기 시작했고 나는 자연스럽게 기회의 흐름 속으로 들어갔다.

인생의 속도가 빨라지고 경쟁의 기준이 정교해지는 시대일수록 STP 구조는 더욱 강력하게 작동한다. 선택은 우연이 아니다. 선택받는 사람은 모두 자신의 포지션을 먼저 선택한 사람들이다. "나를 필요로 할 곳을 먼저 고르고 그곳에서 나를 가장 분명하게 보여줄 것!" 선택받는 삶은 그렇게 시작된다.

언어로 확장하는 경쟁우위

어린 시절부터 프랑스라는 나라에 묘한 동경을 품고 있었다. 철학과 예술의 본고장, 자유와 혁명의 상징, 프랑스어 속에 담긴 낭만과 울림. 아직 가보지 않은 나라였지만 프랑스어 단어장을 들여다보는 순간만큼은 다른 세계의 공기를 마시는 것 같았다. 대학에 와서 서양사학을 전공하게 되자 동경은 더욱 또렷해졌다. 특히 프랑스혁명사를 배우며 프랑스어에 대한 갈증이 커졌다. 굴러가는 발음은 낭만적이었고 그 안에는 어떤 세계가 숨 쉬고 있을 것 같았다.

독일어를 제2외국어로 배웠던 나에게 프랑스어 수업은 새로운 언어, 새로운 질서였다. 특히 고등학교 때 이미 프랑스어를 배운 학생들과 경쟁하는 상황에서 좋은 학점을 받기란 쉽지 않았다. 결심했다. "새벽에 프랑스어 학원에 다니자." 당시 제2외국어 학원은 종로3가 파고다어학원뿐이었고 오전 7시 수업을 수강하며 1년을 다녔다. 학원이 끝나면 명동에서 좌석버스를 타고 학교에 도착해 1교시를 듣곤 했다. 친구들은 내가 한강 다리를 두 번이나 건너 통학한다는 사실조차 몰랐다. 버스에서 꾸벅꾸벅 졸던 아침이 지금도 생생하다.

프랑스어 학습은 단순한 공부가 아니었다. 새로운 언어는 다른 사고방식과 세계, 문화의 창이다. 발음 하나, 문장 구조 하나에 담긴 태도와 정서는 책으로 배울 수 없는 것이었다. 그 무모한 선택 뒤에는 나만의 미래를 위한 자기 결정이라는 경험이 있었다. 부모님 뜻을 따르기보다 내 호기심과 욕망을 따른 최초의 선택이었다. 이후 회현동 알리앙스 프랑세즈로 옮겨 프랑스어를 꾸준히 공부했다. 강남에 분원이 생기자마자 첫 수강생으로 등록했고 또 1년을 배웠다. 지금은 대부분 잊었지만 프랑스를 여행할 때 떠듬떠듬 문장을 말할 수 있다는 사실만으로도 자부심이 든다.

경영학적으로 보자면 일종의 사업 다각화(diversification) 경험이다.

기존 강점이나 확실한 수요가 검증된 영역이 아닌, 낯선 시장에 새로운 역량을 들고 뛰어든 셈이다. 준비가 완벽하지 않았고 전략이 촘촘하지도 않았다. 하지만 젊었기 때문에 가능했던 무모한 도전이었다. 기업도 때로는 완벽한 분석보다 불완전한 용기에서 새로운 혁신이 시작된다. 언어를 배우는 과정은 곧 세계관을 넓히는 실험이었고 나만의 경쟁우위를 찾아가는 길이었다.

프랑스어를 공부하며 경험한 토론 문화는 특히 인상 깊었다. 그들은 감정을 억누르지 않고 논리를 세우며 끝까지 자기 관점을 밀어붙인다. 다름을 인정하면서도 논쟁을 즐기는 태도는 사고를 더욱 단단하게 만들었다. 예술과 철학이 일상 속에 스며 있는 환경에서 질문하는 사람으로 성장했다. 나중에는 단순한 지식 전달보다 사고의 구조를 만드는 방식으로 학생들을 가르치도록 나를 훈련시켰다.

프랑스 사회학자 부르디외는 "언어는 상징 자본(symbolic capital)"이라 했다. 언어는 소통을 넘어 기회와 네트워크, 문화를 여는 열쇠다. 내가 프랑스어에 도전했던 시간은 결국 나만의 상징 자본을 쌓는 과정이었다. 경쟁 사회에서 살아남기 위해 필요한 것은 더 많이 아는 것이 아니라 다르게 느끼고 바라보는 능력이다. 언어는 그 능력을 길러주는 가장 생생한 도구다.

"언어 하나는 세상 하나다." 프랑스어는 내게 새로운 세상을 알게

해주었고 인생을 더 넓은 무대로 확장시키는 기반을 쌓게 했다. 지금도 그 마음은 변함없다. 누군가는 취미로 언어를 배우기도 하지만 나에게는 세계를 여는 문이었다. 그 문을 스스로 두드렸다는 사실이 무엇보다 나를 자라게 했다.

언어는 귀와 시장을
동시에 여는 기술이다

대학교 시절 나는 5개 언어를 하겠다고 마음먹었다. 한국어와 영어를 기본으로 일본어, 프랑스어, 독일어까지 익히면 어떤 일을 하든 생존할 수 있을 것이라는 단순하면서도 진지한 믿음 때문이었다. 실제로 한때는 다섯 언어로 일상 회화를 할 수 있는 수준까지 익혔다. 지금은 한국어와 영어만 자유롭게 사용하지만 그때의 훈련은 오랜 시간이 지나도 내 안의 감각으로 선명하게 남아 있다. 언어는 그 자체가 새로운 세계를 향해 귀를 여는 경험이었다.

유학 시절 겪은 작은 에피소드다. 지도 교수님이 "가메리 논문 읽어 보게"라고 말씀하셔서 도서관 인덱스카드 서랍을 뒤졌지만 아무리 찾아도 없었다. 나중에 "가메리 논문이 도서관에 없습니다"라고 말씀드리자 교수님은 책장에서 논문을 직접 찾아서 나에게 건네주셨는데 표지에 적힌 이름은 Montgomery였다. 나는 철자를 전혀 몰랐고 귀로 들린 발음만 충실히 따라 했던 것이다. 언어는 문법보다 먼저 귀가 열려야 한다는 사실을 깨달았다. 소리를 받아들이고 리듬을 따라가고 맥락을 감지하는 것이 진짜 언어 감각이었다.

하루는 어린 아들이 식당에서 웨이터를 부르며 "Excuse me" 대신 "쭈쭈미"라고 말했다. 웨이터가 말을 정확하게 알아듣고 다가왔다. 발음이 완벽하지 않아도 리듬과 억양, 의도가 통하면 연결된다. 그 장면을 보며 다시 한 번 확신했다. 언어의 본질은 정확성이 아니라 연결의 진심이다.

경영학에서도 이 감각은 그대로 이어진다. 고객의 목소리를 듣는 것, 시장의 반응을 감지하는 것, 상황의 미세한 변화에 귀를 기울이는 것. 환경 분석과 시장 감지다. 기업이 고객의 언어를 오해하면 실패하고 제대로 파악하면 시장을 개척할 수 있다. 일상 언어도 똑같다. 언어는 시험 점수가 아니라 세계 감각 시스템이다.

조기 영어 교육에 대해 한 가지 질문을 던지고 싶다. "언어를 빨리 시작했는가?"보다 중요한 질문은 "그 언어로 무엇을 관찰하고 어떤 세계를 경험했는가?"이다. 영어 유치원과 억양 훈련만으로는 시장 감각이 자라지 않는다. 아이가 듣는 세계, 만나는 맥락, 경험하는 문화가 언어의 뿌리를 만든다.

"언어를 하나 더 배운다는 것은 시장을 하나 더 여는 것이다." 언어는 점수가 아니라 생태계다. 귀를 열어 새로운 소리와 사고방식을 받아들이고 세계의 구조를 체감하는 순간 그것이 진짜 경쟁력이 된다.

강의실 밖에서 만나는
자기 브랜딩의 힘

요즘 대학 캠퍼스를 바라보면 누구나 취업이라는 목표를 향해 숨가쁘게 달린다. 입학과 동시에 자격증 학원 상담을 잡고 공모전 일정과 대외 활동 계획을 표처럼 정리한다. 개강 첫날 수업 목표보다 먼저 "교수님, 시험 유형은 어떻게 되나요?"라는 질문을 받는 것도 이제는 놀랍지 않다. 학생 동아리도 진로, 취업 중심의 효율형 활동으로 재편되기 일쑤다. 이런 풍경이 늘 아쉽다. 취업 준비가 잘못되었다는 뜻이 아니라 그 과정만으로 대학 생활이 설명될 수 없다는 사실을 누구보다 잘 알고 있기 때문이다.

그래서 학술 동아리 지도 교수 제안은 정중히 사양했다. 대신 경영대학 부임 이후 10년 동안 그룹사운드 '너와나', 지난 15년 동안 K-팝

댄스 동아리 '브로든'을 지도했다. 학문과는 거리가 있지만 학생다운 열정과 매력이 가장 뜨겁게 빛나는 곳이다. 나는 기타를 잡지도 춤을 추지도 않는다. 하지만 연습실을 확보해주고 무대를 만들고 연습 뒤 따끈한 음식을 사주며 사기를 북돋는 일은 늘 기꺼웠다.

정기 공연 때는 부모님들도 초대한다. 처음에는 공부 안 하고 춤만 춘다며 걱정하던 부모님들이지만 무대 위에서 스포트라이트를 받는 아이의 눈빛을 보면 표정이 단번에 바뀐다. "저게 우리 아이예요?" 자랑스러움이 얼굴 가득 번진다. 나는 그 순간을 좋아한다. 젊을 때 저렇게 치열하게 무언가에 빠졌던 경험은 결국 그 사람의 강력한 자산이 되기 때문이다.

"점수는 기본 자격일 뿐이다. 결국 너를 증명하는 것은 너만의 무대에서 빛나는 능력이다." 실제로 신입 사원 연수에서 동아리 경험이 있는 학생들은 단번에 존재감을 드러낸다. 춤이나 노래가 아니라 무대에 섰던 경험이 만들어준 자신감 때문이다. 팀 안에서 호흡을 맞추는 능력, 사람들을 사로잡는 표현력, 위축되지 않는 태도 등 이 모든 것이 리더십 자산이 된다.

차별화 전략과도 연결된다. 기업이 치열한 경쟁 속에서 독창성으로 살아남듯 개인도 자신의 언어와 이야기를 가진 사람만이 기억된다. 학점과 스펙은 어디든 들어갈 수 있는 입장권이긴 하지만 사람의 마음을 얻는 힘은 경험에서 나온다. 책상 앞에서는 배울 수 없는 힘이 있다.

"젊을 때 해보고 싶은 것은 과감히 해라. 책상은 언제든 널 기다린다." 무대 위에서 쏟아낸 땀은 스펙이 아니라 인생의 자산이다. 그들이 노래하거나 악기를 연주하거나 춤출 때가 가장 좋다. 열정은 언제나 사람을 가장 아름답게 만든다. 자기 브랜딩은 거창한 포트폴리오에서 시작되는 것이 아니다. 무대에 두려움 없이 섰던 경험, 자신을 표현한 작은 순간, 팀과 함께 움직인 시간이 모여 자연스럽게 한 사람의 이

자기 브랜딩 전략

자기 브랜딩은 자신을 꾸미는 기술이 아니라 기억되게 만드는 설계다. 성과가 비슷해질수록 차이는 태도, 이야기, 무대에서 드러난다. 나만의 색과 리듬을 의식적으로 정리할 때 커리어는 방향성을 갖는다.

- **Differentiation** 나만의 차별화 포인트 확보
  점수는 기본값이다. "나는 무엇으로 기억되고 싶은가?"를 먼저 정의하라.

- **Story Capital** 경험을 이야기 자산으로 바꾸기
  나는 여기서 이런 역할을 했고 이렇게 성장했다.

- **Stage Practice** 무대 경험은 리더십의 토대
  무대는 춤이 아니라 표현, 발표, 피칭, 협업의 다른 이름이다.

- **Identity Fit** 나의 색과 리듬으로 커리어 설계하기
  취업은 도착지가 아니라 출발점이다. 자기 방식의 경력을 그려라.

미지와 신뢰를 만든다. 자기 브랜딩은 그렇게 서서히 구축된다.

이름이 브랜드가 되고
브랜드가 리더십이 된다

1990년대 후반 해외 출장을 갔을 때 외국 학자들과 대화를 나누다가 흥미로운 이야기를 들었다. "한국에는 2개의 대표 통신사가 있다. KT와 SKT다." KT가 Korea Telecom이라는 사실은 누구나 알 만했지만 SKT는 본래 Korea Mobile Telecom이 SK에 인수된 뒤 바뀐 이름이었다. 그런데 외국인들은 SK를 자연스럽게 South Korea로 해석했다. 기업명이 국가 정체성과 연결되며 의도치 않은 긍정적 이미지가 만들어진 것이다. SKT라는 단순한 이름이 한국의 이미지를 상징하는 브랜드 역할을 한 셈이다.

이름은 때로는 브랜드의 절반이 된다. 발음이 쉽고 간결하며 기억하기 좋은 이름은 사람들의 머릿속에 오래 남는다. 마케팅에서는 이름, 로고, 심벌, 슬로건을 모두 브랜드 정체성의 일부로 본다. 브랜드는 단순한 표식이 아니라 정체성의 그릇이다. 어떤 이름은 기업의 역사를 담고 어떤 이름은 시대의 이미지를 끌어안는다. 때로는 의도하지 않은 오해조차 긍정적 자산으로 작용하기도 한다.

해외 출장에서 명함을 꺼낼 때 Korea University라는 문구를 또렷하게 말하곤 했던 이유도 그래서였다. 단순한 발음이 아니라 고려대학교라는 브랜드를 신뢰한다는 나의 태도이자 상대에게 전달하고 싶은 정체성이었다. 조직의 이름은 조직을 대표하는 첫 문장이다. 그 첫 문장이 신뢰를 만들어내기도 하고 오해를 낳기도 한다.

2014년 고려대학교 대외협력처장으로 일할 때 이 이름, 즉 브랜드를 지키는 일을 맡았다. 광고, PR, 홍보는 비슷한 말처럼 보이지만 역할은 분명히 다르다. 광고는 비용을 지불하고 메시지를 노출하는 활동이고 PR은 비용 없이 이해관계자에게 긍정적 내용을 전달하는 활동이다. 언론 보도는 언론이 자발적으로 다루는 내용이고 선전(propaganda)은 출처가 숨겨진 부정적 메시지에 가깝다. PR의 목적은 좋은 이미지를 만드는 것뿐 아니라 잘못된 노출을 최소화하고 브랜드의 위신을 보호하는 데 있다.

학교에 좋지 않은 사건이 있을 때마다 새벽부터 언론사 편집국장들에게 전화를 걸어야 했다. "제발 고려대학교 대신 K대로 표기해달라"고 부탁하던 시절이다. 실명 그대로 방송에 나가는 순간 브랜드에 남는 상처가 얼마나 큰지 알고 있었기 때문이다. 어느 날 뉴스 자막에 '안암동 K대'라고 뜨는 것을 보고 허탈하게 웃으면서도 작은 안도감을 느꼈던 기억이 있다. 작은 선택 하나로 브랜드의 체면을 지킨 것이다.

조직의 명예는 거창한 캠페인이 아니라 말 한 줄과 표기 하나에 의해 지켜지기도 한다는 것을 배웠다. 브랜드는 결국 디테일의 집합이다. 이름과 문구, 발음과 표기 같은 작은 것이 모여 조직의 정체성을 구성하고 신뢰를 만들고 때로는 위기를 막는다.

리더십도 마찬가지다. 리더십은 내부 구성원을 이끄는 힘에만 머무르지 않는다. 외부 세계 앞에서 조직이 어떻게 보일지, 어떤 언어로 설명될지, 어떤 이미지로 기억될지를 결정하는 것 또한 리더의 역할이다. 브랜드를 관리하는 일은 곧 리더가 조직의 얼굴이 되는 일이다.

SKT가 예상치 못한 긍정적 오해로 브랜드 가치를 얻었듯 고려대학교도 때로는 이름 하나가 외부의 인식을 바꿔 놓는다. 이름을 가볍게 다루지 않아야 하는 이유가 여기에 있다. 개인도 마찬가지다. 자기 이름을 어떻게 소개하는지 어떤 문장으로 자신을 정의하는지 어떤 방식으로 자신의 정체성을 말하는지 등 이 모든 것이 결국 자기 브랜드가 된다. 브랜드는 단순한 이름이 아니라 자신을 설명하는 첫 문장이다. 첫 문장을 어떻게 다루느냐가 곧 리더십의 시작이다.

타고난 마케터와의 생활에서 배운 것

둘째 아들과 함께한 시간은 자기 브랜딩이라는 개념을 새로 바라보게 한 시간이었다. 첫째가 조심스럽고 배려심 깊은 아이였다면 둘째는 정반대다. 원하는 것이 생기면 "나중에"가 아니라 "지금 사 줘!"라고 말하는 아이. 그 대담함이 처음에는 당황스러웠지만 곧 그 안에서 어떤 본능을 봤다. 자신을 세상에 드러내는 방식과 스스로의 가치를 주저 없이 말하는 태도다.

시러큐스대학교 방문 교수 시절, 둘째와 1년을 단둘이 지냈다. 미국에 도착한 지 얼마 안 된 어느 날, 영어가 거의 안 되던 초등학교 2학년 아이는 케첩이 더 필요한 일이 있었다. "케첩 플리즈"라고 알려주자마자 그는 카운터에 걸어가 당당하게 말했다. 그 뒷모습을 보며 깨달았다. 배짱은 나이와 무관하다는 것을 말이다.

며칠 뒤 아이에게 친구들 말이 잘 이해되냐고 묻자 그는 씩 웃으며 이렇게 말했다. "나는 괜찮아. 친구들이 내 말을 못 알아들어서 그렇지. 그건 그들의 문제야." 아이의 대답은 단순히 귀엽기만 한 것이 아니라 정확한 자기 인식이었다. 자신이 부족하다고 느끼면 움츠러들기 쉬운데 둘째는 자신의 메시지가 중심이라고 생각했다. 언어의 완성도보다 전달의 주체가 중요하다는 마케팅의 핵심 원리를 가장 직관적으로 보여준 셈이다.

이런 태도는 우연이 아니다. 다섯 살 무렵, 아이스크림 2개를 들고 가다 하나를 떨어뜨렸을 때 나는 울음을 예측했지만 아이는 태연하게 말했다. "어? 형 거 떨어졌다." 실수를 유머로 바꾸며 상황을 가볍게 넘기는 방식, 자신이 가장 작은 아이였던 초등학교 입학 첫날에도 "내가 제일 작아. 1등이야"라고 말하던 그 확신 있는 태도. 심지어 미국의 담임선생님에게 "You December person. I December person. Same"이라고 말하던 당당함까지. 문법보다 메시지가 먼저라는 브랜드 커뮤니케이션의 본질을 정확히 짚고 있었다.

경영학적 시각에서 보면 아이는 타고난 마케터다. 자신의 강점을 스스로 정의하고 자신을 긍정적으로 포지셔닝하며 타인의 기준에 흔들리지 않는 사람. 마케팅은 결국 나라는 존재가 왜 가치 있는가를 설득하는 일이다. 그 출발점에는 "나는 가치 있다"는 내적 확신이 있어야 한다. 아이의 행동은 바로 그 본질을 몸으로 보여주었다.

브랜드는 이름에서 시작되지만 결국 태도에서 완성된다는 것을 둘째에게서 배웠다. 자기 브랜딩의 핵심은 잘난 척이 아니라 자신을 제약 없이 표현하려는 용기라는 것을 배웠다. 배움은 위에서 아래로만 흐르지 않는다. 때로는 더 어린 사람, 더 자유로운 마음을 가진 이에게서 더 본질적인 통찰을 얻기도 한다.

"브랜딩은 외부에서 만드는 것이 아니라 내부의 확신에서 시작된다. 당신이 당신을 어떻게 바라보는지가 결국 세상이 당신을 보는 방식이 된다."

군만두는 서비스가 아니다

우리는 매일 마케팅 속을 걷는다. TV 광고, 유튜브 영상, 버스와 택시의 래핑 광고, 길가의 포스터, 손에 쥐어지는 전단지까지 일상은 수많은 메시지로 빽빽하다. 마케팅 용어가 일상 대화에서도 자연스럽게 튀어나온다. 친구에게 "PR 좀 그만해"라고 말하거나 제품을 사면서 "A/S는 잘 되나?"라고 묻는 장면은 아주 흔하다. 하지만 마케팅 교수의 눈으로 보면 일상적으로 쓰는 많은 용어가 원래 의미와는 꽤 다르게 사용되고 있다.

가장 대표적인 예가 바로 군만두는 서비스라는 착각이다. 학생들에게 중간고사 OX 문제로 이런 질문을 자주 낸다. "탕수육을 주문했는데 군만두가 공짜로 나왔다. 이 군만두는 서비스다." 많은 학생이 빈틈없이 O라고 답한다. 그러나 정답은 X다. 서비스(service)는 무형의 제품(intangible product)으로 정의되기 때문이다. 손에 잡히고 형태가 있고 명확히 제품으로 분류되는 군만두는 서비스가 될 수 없다. 군만두는 덤 혹은 사은품(bonus product)이다. 즉, 기업 입장에서는 서비스가 아니라 프로모션 도구에 해당한다.

기업의 실제 마케팅 전략도 이 구분을 분명히 한다. 스타벅스의 무료 리필은 고객 만족을 높이기 위한 서비스가 아니라 유형의 제품을 공짜로 더 주는 판매 촉진 프로그램이다. 맥도날드 해피밀에 포함된 장난감 역시 서비스가 아닌 제품 번들링(bundling)의 일종이다. 소비자는 "서비스 받았다"고 말하지만 학문적으로는 추가 혜택을 제공해 차별화하는 프로모션이 더 정확한 해석이다. 개념을 정확히 이해하는 것이 마케팅 사고의 출발점이다.

언어의 차이는 더 흥미롭다. 한국에서 흔히 쓰는 A/S가 영어권에서는 통하지 않는다. 올바른 표현은 After-Sales Service이며 Self도 단독으로 쓰면 뜻이 모호하다. Self-service라고 해야 의미가 전달된다. 최근에는 K-컬처의 영향으로 외국인들이 한국식 표현을 역으로 배우는 일도 늘고 있다. 한국에 온 외국인들이 "서비스 주세요"라고 말하는 장면은 이제 자연스러운 풍경이다. 본래 의미와 다르게 쓰던 단어가 세계로 확산되는 흥미로운 언어적 역수출이다.

정확한 언어 사용은 단순한 표현의 문제를 넘어 마케팅의 본질과도 연결된다. 소비자가 서비스라고 인식하는 순간 행동은 달라지고 기업은 그 인식을 전략으로 다룬다. 마케팅은 결국 언어, 인식, 경험이 맞물리는 지점에서 힘을 발휘한다. 군만두 한 접시에서조차 그 원리가 작동한다.

"군만두는 서비스가 아니다. 그러나 군만두 때문에 다시 그 식당을 찾게 된다면 그것은 탁월한 마케팅이다." 정확한 개념을 아는 것과 소비자가 느끼는 가치를 이해하는 것이 균형을 이룰 때 마케팅의 본질이 보인다.

대통령을 배출한 대학교 :
시각을 바꾸면 브랜드가 보인다

2014년부터 2015년 초까지 고려대학교 대외협력처장을 맡았다. 기부금과 기부자 관리, 학교 전체의 마케팅, 미디어 전략, 사회봉사단 운영까지 책임져야 했고 마케팅을 전공한 내게는 무겁지만 소중한 자리였다. 특히 고민이 많았던 부분은 고려대학교의 글로벌 포지셔닝이었다. 해외에서는 SKY의 하나로 알려져 있었지만 연세대, 서울대와 명확히 구별되는 메시지를 찾기 어려웠기 때문이다. 외국 학생이나 정부 관계자들이 "왜 고려대를 선택해야 하는가?"라고 물으면 선뜻 꺼낼 답이 부족했다.

그 무렵 대학원 수업에 인도네시아 정부에서 파견된 사무관 한 명이 있었다. 어느 날 그에게 어떤 이유로 고려대를 선택했는지 조심스레 물었다. 그의 대답은 아주 단순했지만 내 사고를 뒤흔들었다. "한국의 대통령을 배출한 대학교이기 때문입니다." 국내에서는 대통령 배출이 조심스러운 주제였던 시절이었다. 정기전에서 고려대 응원단이 "우리는 김연아가 있다"고 외치자 연세대 응원단이 "우리는 MB 없다"고 답했던 유명한 장면이 분위기를 단적으로 보여준다. 그때 고려대 측은 순간 말문이 막혔다. 대통령 배출이 자랑이 아니던 시대였다.

하지만 해외는 완전히 달랐다. 인도네시아 학생은 그 사실을 가장 강력한 경쟁력으로 인식했다. 그의 한마디는 마치 전혀 다른 지도를 펼쳐 보여준 느낌이었다. 같은 사실이라도 누구의 눈으로 보느냐에 따라 의미가 전혀 달라진다는 것을 말이다. 그다음 해, 인도네시아 정부는 관리 30명을 고려대 대학원에 파견했다. 이전까지는 SKY 세 학교로 나누어 보내던 인원이 모두 고려대로 모였다. 메시지 하나가 시장 전체의 흐름을 바꾼 것이다.

마케팅의 본질을 다시 배운 경험이었다. 국내 시각을 해외시장에 그대로 적용하면 실패한다. 고객이 다르고 기대가 다르고 판단 기준이 다르기 때문이다. 마케팅 이론의 기초 개념인 고객 중심이 현장에서 얼마나 중요한지를 뼈저리게 체득했다. 브랜드 메시지는 나의 기준이 아니라 고객이 무엇을 가치로 느끼는가에서 출발해야 한다.

전형적인 상황 적합 리더십 사례다. 동일한 메시지라도 맥락과 청중이 달라지면 효과가 완전히 다르다. 조직을 대표하는 사람에게 필요한 감각은 내부의 기준만이 아니다. 외부에서 조직을 어떻게 바라보는지 다른 시장에서는 어떤 언어가 더 힘을 갖는지 읽어내야 한다. 그때 조직은 새로운 기회를 잡는다.

브랜드든 커리어든 나 중심의 시각만으로는 설계할 수 없다는 사실 때문에 학생들에게 이 경험을 자주 이야기한다. 누군가의 선택을 받고 싶다면 먼저 그 사람이 무엇을 가치 있게 여기는지 이해해야 한다. 어떤 개인은 자신의 강점을 대단치 않게 여겼지만 타인의 시선에서는 그것이 하나의 차별화 포인트가 되기도 한다. 고려대학교의 글로벌 전략이 그랬던 것처럼 개인의 포지셔닝도 때로는 작은 대화 하나에서 길이 열린다.

브랜드는 사실이 아니라 해석에서 완성된다. 해석을 바꾸는 힘이 바로 자기경영의 시작이다. 나를 어떻게 보여줄 것인가 무엇을 강조할 것인가 어떤 이야기로 스스로를 설명할 것인가라는 고민은 개인도 조직도 똑같다. 리더십은 거창한 이론보다 작은 순간에서 발견한 의미를 실천으로 옮기는 태도에 가깝다. 인도네시아 학생과의 짧은 대화에서 새로운 전략의 문이 열렸던 것처럼 당신의 커리어도 그런 순간에서 방향을 찾을 수 있다.

런닝맨 세 번 출연 :
전략은 우연을 가장한다

대외협력처장은 학교 브랜드를 관리하고 외부 이해관계자들과의 관계를 구축하는 역할, 요즘 말로 하면 대학 브랜드 CMO 같은 자리다. 2014년 고려대는 인기 예능 프로그램 〈런닝맨〉에 무려 세 번이나 출연했다. 보통 대학이 1년에 한 번 출연하는 것도 쉽지 않은데 세 번이라니! 지금 돌이켜 보아도 가장 보람 있는 성과 중 하나다. 열정 넘치는 직원들과 조금의 운, 끈질긴 추진력이 함께 만들어낸 결과였다.

첫 출연은 3월, 페트병 배로 한강을 건너는 이벤트였다. 여러 대학이 참여했고 우리 학생들은 교정에서 직접 배를 만들었다. 결과는 3등이었지만 유재석 씨가 우리 학교에 배정되는 운이 따랐다. 학생들의 에너지와 캠퍼스 분위기가 방송을 타며 자연스럽게 긍정적 이미지를 만들었다. 두 번째는 5월 딱지치기 대결. 이번에는 이광수 씨가 우리 학교에 왔지만 아쉽게도 초반 탈락으로 분량이 짧았으나 중요한 것은 고려대가 젊고 활기찬 학교라는 이미지를 반복적으로 각인시킬 수 있었다는 점이다.

원래 일정은 여기까지였다. 그러나 그해 가을 연세대 국제 캠퍼스가 화려하게 소개되는 방송을 보며 자극을 받았다. 선의의 경쟁은 조직도 사람도 성장하게 한다. 고려대도 보여줄 무대가 있다는 확신이 생겨 연말에 다시 한 번 출연을 추진했다. 12월, 메이저리거 류현진, 강정호 두 선수가 고려대 경영대 건물에서 뛰어다니는 장면이 방송되었다. 새 건물과 현대식 시설이 자연스럽게 노출되며 청소년 시청자들에게 강렬한 인상을 남겼다. "고려대 멋있다, 현대적이다"라는 메시지가 화면을 통해 전달된 것이다.

이미 높은 인지도를 가진 학교가 왜 이런 노력을 한 것일까? 단순히 기록을 세우기 위함이 아니다. 마케팅은 단발 이벤트가 아니라 장기적 이미지 축적이다. 특히 당시 〈런닝맨〉은 청소년 시청률 1위 프로그램으로 입시를 준비하는 잠재 고객에게 긍정적 경험을 선물하는 것은 무엇보다 효과적인 브랜딩이었다.

또 하나의 결정적 이유는 중국 시장 때문이었다. 당시 〈런닝맨〉은 중국에서 한국 예능 중 압도적 1위를 기록하고 있었다. 이것을 국내 예능을 통한 글로벌 마케팅 플랫폼으로 보았다. 중국 학생들의 지원 증가가 중요한 전략적 목표였고 실제로 다음 해 중국인 지원자가 약 두

배 늘었다. 대외협력은 단순한 이벤트가 아니라 수요 창출과 시장 확장이라는 본질을 가진다. 〈런닝맨〉 세 번의 출연은 우연이 아니라 치밀한 시장 분석과 타이밍, 실행력이 만나 이루어진 결과였다.

경영학적으로 IMC(통합적 마케팅 커뮤니케이션)의 좋은 사례다. 국내에는 '젊고 역동적인 고려대' 해외에는 '글로벌 경쟁력을 갖춘 현대적 캠퍼스'. 한 번의 메시지가 아니라 시장별로 맞춤형 이미지를 정교하게 설계해 전달했다.

브랜드 경쟁력은 단기 성과가 아니라 긴 호흡의 전략과 일관된 실행에서 나온다. 좋은 기회는 기다리는 사람이 아니라 찾고 준비하고 밀어붙이는 사람에게 온다. 때로는 예능 프로그램 세 번이 논문 한 편보다 더 큰 가치를 만들기도 한다.

작은 실행의 축적이 갖는 힘

혁신은 교과서에서 설명할 때와 실제 조직에서 실행할 때의 간극이 크다. 점진적 혁신이든 급진적 혁신이든 개념은 분명하지만 현실에서는 사람과 맥락, 이해관계가 얽히며 훨씬 복잡하다. 그 과정에서 한 가지 사실만큼은 늘 분명했다. 혁신은 전략의 문제이기 전에 사람의 문제라는 점이다. 구성원의 협조와 신뢰가 없다면 가장 훌륭한 전략도 실행되지 않는다. 혁신에는 구호가 아니라 조직 전체가 함께 움직이게 만드는 리더의 조율 능력이 필요하다.

30여 년간 학계와 대학에서 리더 역할을 맡으며 여러 차례 혁신 장면을 경험했다. 그 경험을 되돌아보면 혁신의 실체는 화려하기보다 꾸준하고 성실한 실행에 가까웠다. 그 실행을 가능하게 한 핵심은 언제나 사람들의 마음을 얻는 일이다.

2012년 한국마케팅학회에서 〈Asia Marketing Journal(AMJ)〉을 창간했을 때도 그랬다. 국내 학회가 영문 저널을 만든다는 시도는 생소했고 회의적인 목소리도 적지 않았다. 굳이 필요한가라는 질문이 반복됐다. 그럼에도 선배 학자들의 신뢰, 후배 연구자들의 열정, 집행부의 헌신이 한 방향으로 모여 창간호가 탄생했다. 10여 년 뒤 〈AMJ〉가 E-SCI와 Scopus 등 국제 학술 데이터베이스에 등재되며 국제적 위상을 갖춘 저널로 성장한 것을 보며 작은 혁신의 씨앗이 시간이 쌓이며 어떤 성과로 이어지는지를 깊이 실감했다.

2015년 서비스마케팅학회 회장으로서 학술 대회를 처음으로 대학 밖, 산업 현장인 현대백화점 판교점에서 개최한 일도 그렇다. 당시 유통업계의 변화를 상징하는 공간에서 학자와 실무자가 한자리에 모인 장면은 학문의 경계가 현실과 만날 때 어떤 생동감을 얻는지 잘 보여주었다. 2018년 한국마케팅학회 회장으로 준비한 ICAMA 방콕 대회도 도전이었지만 기획부터 후원 확보까지 이어진 수많은 과정은 결국 사람들이 함께 만들어낸 성취였다. 방콕 대회는 이후 ICAMA가 일본 오사카로 확장되는 계기가 되었고 혁신은 단절이 아니라 경험의 누적이 만들어내는 흐름임을 다시 한 번 확인했다.

경영대학 학장 시절에도 마찬가지였다. 가장 먼저 실행한 변화는 놀라울 만큼 소박했다. 교직원 휴게실의 오래된 커피 머신을 최신 기종으로 바꾼 것이다. 구성원들이 매일 체감하는 작은 개선은 빠르게 신뢰를 만들었다. 신뢰 위에서 경영대학 카카오톡 채널 개설, 1960년에 창간된 경영신문의 온라인 전환, 국내 단과대학 최초의 링크드인 채널 개설과 글로벌 강의, 특강 운영 등 더 큰 변화가 자연스럽게 이어질 수 있었다. 혁신은 반드시 거창할 필요가 없으며 구성원이 오늘 당장 느끼는 작은 개선이야말로 지속 가능한 변화를 여는 첫 단추임을 다시 배웠다.

대우그룹 창업자 김우중 회장의 말처럼 "세계는 넓고 할 일은 많다"는 시선으로 교과서 밖 현실을 바라보면 새로운 길이 보인다. 길을 실재하는 성과로 바꾸는 것은 결국 사람을 움직이게 하는 힘, 반복되는 작은 실행의 축적이다. 그것을 혁신의 선순환이라고 믿는다.

높은 곳을 목표로,
실행은 현실적으로

경영대학 학장으로 재직하며 수많은 국제 교류 협약을 추진했다. 교환학생 프로그램, 복수 학위제 논의, 글로벌 경영대학 학장단을 맞이하는 일까지 코로나19 이후 한류의 확산은 고려대 경영대학을 진정한 국제 캠퍼스로 바꾸어 놓았다. 매년 150명의 교환학생이 들어오고 또 150명의 외국인 학생이 신입생으로 입학한다. 수업의 65퍼센트가 영어로 운영되고 이제는 한국어 한마디 없이도 수업을 듣는 외국 학생이 낯설지 않은 환경이 되었다.

이런 변화 속에서 교수님들의 요구도 자연스레 높아졌다. "하버드대와 공동 학위 제휴를 추진해 봅시다." 열망은 충분히 이해된다. 하지만 현실은 냉정했다. 제안은 정중한 거절로 돌아왔다. 글로벌 대학들은 협력 학교를 장기 명성, 역사, 네트워크로 판단하는데 아직 고려대는 그들의 리스트에 포함되지 못한 것이다.

서운하지는 않았다. 왜냐하면 우리도 유사한 기준으로 결정하기 때문이다. 아시아, 아프리카의 작은 대학들이 협력을 요청할 때는 우리도 역량과 우선순위를 고려해 조심스레 거절했다. 국제 협력도 시장과 같다. 서로에게 서로가 필요해야 비로소 가치 교환이 일어난다. 전략적 적합성(strategic fit)이 맞아야 한다.

목표는 높게, 실행은 현실적으로 명확하게 원칙을 세우고 행동했다. 최상위 명문대와의 제휴를 장기 목표로 두되 도달 가능성이 있는 곳부터 차근차근 문을 두드렸다. 국제적 명성이 높으면서도 경영대학의 역사나 규모 면에서 고려대와 균형이 맞는 학교들, 존스 홉킨스 대학교와 에머리대학교 같은 곳이다. 전체 학교 랭킹은 매우 높지만 경영대학의 역사적 위상은 상대적으로 짧다. 그만큼 협력 가능성이 높게 존재했다.

현실적인 목표에서 시작해 서로에게 의미 있는 가치 교환 구조를 설계했다. 수차례의 화상회의, 실무진 교류, 현지 방문을 거쳐 실질적이고 지속 가능한 협력으로 이어졌다. 스페인의 ESADE, 중국 Xiamen University, 홍콩 PolyU, 러시아 Skolkovo 등으로 협력 기반을 넓혀 가며 도달 가능한 봉우리부터 오르는 전략을 실천했다.

전략은 꿈에서 출발하지만 실행은 현실에서 시작된다. 마케팅의 STP 전략처럼 모든 시장을 상대할 수는 없고 리더십 이론에서 말하듯 도전적 목표는 반드시 실행 가능한 단계가 있어야 한다. 전략적 선택의 정수는 결국 이 문장으로 요약된다.

"꿈은 높게, 실행은 단단하게(High aspiration, Grounded execution)."

도달할 수 없는 목표는 전략이 아니라 환상이다. 높은 곳을 바라보되 발은 반드시 현실 위에 둘 것. 산을 오르는 일과 같다. 정상만 바라 본다고 바로 닿을 수 없다. 바로 닿을 수 있는 목표에서 작은 실행으로 축적을 시작하면 그 축적이 언젠가 가장 높은 곳으로 이어질 것이다.

다 좋은데
이것 하나만큼은 용납 안 되지!

중요한 의사 결정을 할 때 사람들은 의외로 사소한 조건에 크게 흔들린다. 대학 선택, 직장 선택, 이직처럼 인생의 방향을 좌우하는 선택에서도 마찬가지다. 모든 조건이 완벽에 가깝더라도 단 하나, 구내식당 음식이 입에 맞지 않는다는 이유만으로 그 선택을 포기하는 경우가 있다. 여러 속성이 아무리 훌륭해도 절대 타협할 수 없는 최소 기준이 존재하는 것이다.

국가고시의 과락 제도도 같은 원리다. 총점으로 합격 여부가 결정되지만 동시에 과목별 최소 점수를 넘기지 못하면 불합격이다. 즉, 전체 점수가 높아도 이 과목만큼은 절대 부족하면 안 된다는 최소 기준이 작동한다. 직장 선택에서도 비슷하다. 연봉, 복지, 성장 가능성 모든 면에서 훌륭한 회사라도 어떤 사람에게는 구내식당이 과락 기준이 될 수 있다. 겉으로 보기에는 비합리적이지만 실제 선택에서는 이런 기준이 강력하게 작동한다.

소비자 행동에서도 이런 비합리적 기준 설정은 흔하게 관찰된다. 꼭 필요하지 않은 물건을 세일 중에 충동구매 하고는 "오늘 3만 원 벌었어"라고 말한다. 실제로는 지출이 있었는데 마음속에서는 이익을 본 것처럼 느끼는 것이다. 전통적 경제학의 합리적 인간 모델로는 설명되지 않는다. 이런 현상은 행동 경제학의 고유한 연구 영역이 되었다.

대니얼 카너먼은 『생각에 관한 생각』에서 시스템 1과 시스템 2로 인간의 사고를 구분했다. 빠르고 직관적인 시스템 1은 작은 요소에 강하게 반응한다. 구내식당처럼 사소해 보이는 조건이 전체 결정을 좌우하는 이유도 여기에 있다. 머리로는 "이 회사가 훨씬 좋다"고 계산해도 직관이 "이건 못 참아"라고 거부하면 쉽게 마음을 못 바꾼다.

리처드 탈러는 넛지(Nudge) 이론을 통해 사람이 합리적 계산보다 환경적 요인에 더 큰 영향을 받는다고 설명한다. 같은 회사라도 구내식당의 메뉴, 사내 카페의 분위기, 쉼터의 편안함 같은 작은 요소가 강력한 넛지가 되어 선택을 움직인다. 실제 기업도 이를 잘 알고 있다. 최근 MZ세대 구직자들을 겨냥해 채용 공고에 비건 메뉴 운영, 셰프 경력자 상주, 프리미엄 커피 제공 같은 디테일을 강조한다. 사소해 보이지만 인재 확보 경쟁에서는 중요한 차별화 포인트가 된다.

인간은 늘 합리적인 존재는 아니다. 사람들은 충동적으로 움직이고 작은 이유로 전체를 평가하고 때로는 비합리적인 선택에서 더 큰 만족을 얻는다. 삶이 계산기처럼 정확할 필요는 없다. 이런 작은 비합리성이 사람들을 더 편안하게 하고 예상치 못한 행복을 만들어낸다.

"나는 무엇을 절대 포기할 수 없는 기준으로 두고 있는가?" 그래서 이 질문이 중요하다. 포기할 수 없는 기준이 각자의 선택을 결정하고 궁극적으로는 '나라는 브랜드'를 형성한다. 합리와 비합리를 오가며 살아가는 인간의 특성 속에서 각자의 우선순위를 통해 자기만의 길을 만들어 간다. 그 길이 곧 당신 삶의 전략이고 정체성이다.

똑똑한 학생 vs 반듯한 학생

20여 년 전만 해도 강의실 풍경은 지금과 많이 달랐다. 대부분의 학생들은 바른 자세로 앉아 있었고 강의에 집중하는 눈빛은 또렷했으며 예의 바른 태도가 자연스러웠다. 그중에서도 질문이 많고 토론을 잘 주도하는 똑똑한 학생들이 유난히 눈에 띄었다. 그런데 시간이 흐르면서 변화가 찾아왔다.

언제부터였는지 정확히 기억나지 않지만 강의실에서 반듯한 학생들은 점점 줄어들고 비딱하게 앉아 있거나 수업에 집중하지 않는 학생들이 늘어났다. 강의 자료가 PPT로 배포되기 시작한 시점부터 변화는 더 뚜렷했다. 학생들은 더 이상 노트 필기를 하지 않았고 칠판에 쓴 내용을 휴대폰으로 사진 찍는 일이 자연스러워졌으며 무단으로 녹음, 녹화하는 일도 이따금씩 일어났다. 노트북과 스마트폰이 보편화되면서 강의 중에 유튜브를 보거나 카카오톡을 하는 일도 흔해졌다. 강의 집중도는 눈에 띄게 낮아졌고 나 역시 일일이 지적하기를 오래전에 포기했다.

아이러니한 점은 수업 태도는 분명 나빠졌지만 학생들의 지적 수준은 더 높아졌다는 사실이다. 영어 실력은 비교하기 어려울 만큼 좋아졌고 질문도 많아졌으며 토론 참여도 활발해졌다. 똑똑한 학생을 따로 구분하기 어려울 정도다. 그러나 강의실에서 내 눈길을 끄는 학생은 똑똑함이 아니라 여전히 태도가 바르고 예의가 반듯한 학생들이다.

앞으로 사회에서 경쟁력을 만드는 요소도 이와 비슷할 것이다. 단순한 똑똑함만으로는 차별화하기 어렵다. 똑똑한 사람은 이미 너무 많다. 대신 타인에게 폐를 끼치지 않으면서도 자신을 명확하게 드러낼 줄 아는 반듯함, 즉 합리적 개인주의에 기반한 태도가 강력한 차별화 포인트가 된다.

이기주의와 개인주의는 다르다. 이기주의는 공동체를 고려하지 않고 자신만 챙기는 태도다. 반면 합리적 개인주의는 공동체 속에서 나의 권리를 지키되 동시에 타인의 권리도 존중한다. 코로나19 시기에 보강 수업 시간을 조정해야 했던 적이 있다. 어떤 학생들은 자신이 불가한 시간을 분명하게 말하며 논의에 적극적으로 참여했다. 반면 일부 학생들은 의견 수렴 과정에서는 침묵하다가 정해진 시간에는 불만을 표시하거나 수업을 빠지기도 했다. 참여하지 않고 결과만 탓하는 태도, 이것이 이기주의다. 이런 태도는 자신에게도 불리하게 작용한다.

기업도 기술적 우위만으로는 시장 차별화가 힘들다. 제품의 품질이 아무리 좋아도 서비스 태도나 고객 경험이 엉망이면 시장에서 오래 살아남기 어렵다. 사람도 마찬가지다. SNS에서 쉽게 볼 수 있는 주차 빌런 역시 작은 이기주의가 공동체의 불편을 어떻게 만들어내는지 보여준다. 개인의 행동 하나가 사회적 이미지와 신뢰에 큰 영향을 미치는 시대다. 지적 능력은 기본 경쟁력이고 태도, 품격, 반듯함은 지속 가능한 경쟁우위를 만들어내는 요소다.

앞으로의 사회에서는 똑똑한 사람보다 반듯한 사람이 더 돋보일 것이다. 신뢰할 수 있는 태도, 타인을 존중하는 방식, 공동체 안에서의 품격 있는 자기표현 이 모든 것이 결국 그 사람의 브랜드가 된다. 똑똑함 위에 반듯함이 얹혀질 때, 사람들은 그를 믿고 함께하고 싶어 한다.

기회와 위협은 동시에 찾아온다

버킷리스트 중 하나는 환갑을 넘기고 나서야 비로소 이루어졌다. 독도를 찾아가는 일이다. 화면 속에서만 보던 그 섬을 언젠가는 내 발로 딛고 싶었다. 먼저 발 디딘 울릉도는 예상보다 훨씬 아름다웠다. 깎아지른 절벽과 짙푸른 바다 그 위에 내려앉은 구름이 만들어내는 풍경은 말 그대로 장관이었다. 내수전일출전망대에서 내려다보는 전경은 내가 한국 땅에 서 있는 것이 맞는지 의문이 들 만큼 비현실적이었다. 그날의 바람과 햇살은 지금도 또렷이 기억난다.

다음 날 아침 설렘을 품고 독도행 배에 올랐다. 울릉도에서 독도로 가는 길은 생각보다 험했다. 배는 작고 파도는 거칠어 여기저기서 멀미를 이기지 못한 사람들의 표정이 이어졌다. 나 역시 기대와 두려움이 뒤섞였다. 독도는 1년에 50~60일 정도만 접안이 가능하다고 한다. 파도가 잔잔해야만 배를 델 수 있기 때문이다. 기적처럼 내가 탄 배는 그날 접안한다는 안내 방송을 했다. 그 순간 배 안은 박수와 환호로 가득 찼다. 약 20분이라는 짧은 시간 동안 독도 땅을 밟고 선 경험은 내 삶에서 가장 벅찬 순간 중 하나로 남아 있다.

문제는 기쁨에 취해 오후부터 내리기 시작한 세찬 비와 거센 바람을 대수롭지 않게 여긴 나의 판단이었다. 다음 날 강릉으로 돌아가는 배편이 풍랑주의보로 전면 취소될 가능성이 커진 것이다. 독도에서 울릉도로 무사히 돌아왔다고 해서 여정 전체가 순탄할 것이라 방심한 결과 큰 위기를 맞을 뻔했다. 다행히 부랴부랴 후포항으로 가는 더 큰 배의 남은 표를 간신히 예매했지만 그 여파는 만만치 않았다. 후포항에서 다시 차를 세워 둔 강릉항으로 이동하는 택시 이동, 추가된 5시간의 여정, 결국 자정을 넘긴 새벽 1시에 서울에 도착한 긴 하루. 감격과 피로, 기쁨과 긴장감을 한꺼번에 경험한 여행이었다.

이 여정은 단순히 버킷리스트 하나를 지운 경험이 아니었다. 삶과 경영에 대한 중요한 통찰을 다시금 확인한 시간이었다. 큰 기회는 항상 위협을 동반한다는 통찰이다. SWOT 분석에서는 기회와 위협을 별개의 요소로 나누지만 실제 현실에서는 두 요소가 거의 항상 함께 움직인다. 새로운 시장이 열리면 경쟁이 커지고 혁신 기술이 등장하면 부작용이나 규제 위험이 따라온다. 독도에서의 벅찬 입도 경험 뒤에 이어진 기상 악화처럼 기회와 위협은 언제나 한 쌍으로 다가온다.

기업 사례에서도 이런 상호작용은 흔하다. 온라인 시장이 급성장하면서 수많은 기업이 새로운 기회를 얻었지만 동시에 아마존, 알리바바 같은 초대형 경쟁자와 맞서야 하는 위협도 생겼다. 전기차 시장은 친환경 트렌드를 등에 업고 폭발적으로 성장했지만 배터리 화재나 원자재 확보 위험이 그림자처럼 따라붙는다. 기회만 보고 뛰어든 기업은 위기를 만나 쉽게 흔들리고 위협만 보고 움츠러든 기업은 성장 기회를 놓친다. 중요한 것은 두 요소를 동시에 인식하는 균형의 힘이다.

차별화된 경쟁력이란 기회와 위협이 얽혀 있는 현실을 그대로 받아들이고 그 틈에서 길을 찾는 힘이다. 나는 독도의 거센 파도와 잔잔한 바람을 동시에 기억하려 한다. 두 얼굴을 함께 받아들이는 것이야말로 인생과 경영의 길 위에서 나를 흔들림 없이 서 있게 하는 가장 소중한 교훈이기 때문이다.

성숙기의 차별화와
쇠퇴기의 준비

교수직을 시작한 지 어느덧 30년이 흘렀다. 지난 30년은 나에게 인생의 성숙기에 해당하는 시간이었다. 직업적으로는 안정되고 학문적으로는 연구와 저술을 통해 업적을 쌓을 수 있었던 시기다. 그 이전의 성장기에는 하고 싶은 것보다 해야 하는 일이 더 많았고 미래는 늘 불확실했다. 성숙기에 접어들면서 비로소 안정 속에서 새로운 시도를 모색할 수 있었다. 물론 성숙기가 마냥 안주의 시간이었던 것은 아니다. 오히려 경쟁이 본격화되는 국면이 있었다.

경영학에서 제품 수명 주기(Product Life Cycle, PLC)는 도입기, 성장기, 성숙기, 쇠퇴기 네 단계로 설명한다. 사람의 생애 주기와도 닮았다. 성숙기에 이르면 경쟁자는 빠르게 늘고 제품 간 차별성이 희미해지면 시장에서 도태되기 쉽다. 기업은 이 시기에 차별화 전략에 더욱 집중한다. 새로운 시장의 개척, 기능 개선, 디자인 변화 등 어떤 방식이든 자기만의 자리를 다시 만들어야 생명력을 연장할 수 있다. 사람도 마찬가지로 성숙기는 경쟁과 차별화가 동시에 요구되는 시기다.

지난 30년간 교수로 살아오면서 나 역시 나만의 차별화를 시도했다. 연구에서는 남들이 쉽게 다루지 않는 주제를 꾸준히 찾고 일상에서는 작은 취향과 개성을 통해 나만의 색을 만들었다. 고려대학교 캠퍼스에 미니 쿠퍼(mini cooper) 1호 차를 몰고 들어갔을 때 장면은 아직도 선명하다. 아담하고 독특한 디자인의 차를 보며 동료 교수 4명이 한꺼번에 그 차에 올라타 시운전했던 그날의 풍경은 지금 돌아봐도 웃음이 난다. 모토로라 스타택, 삼성 갤럭시 워치 등 새로 나온 제품을 누구보다 먼저 구입했던 것도 같은 맥락이었다. 안정적인 일상의 반복 속에서도 나만의 차별화 포인트를 유지하고 싶었던 것이다. 그 작은 개성과 선택이 치열한 경쟁 속에서 나를 견고하게 지탱했다.

"다시 젊어질 수 있다면 몇 살로 돌아가고 싶으냐"는 질문을 받을 때가 있다. 나는 어느 때이든 굳이 돌아가고 싶지 않다. 성장기의 불확실성과 쉼 없는 도전, 크고 작은 좌절을 반복하는 시간을 다시 겪고 싶지 않기 때문이다. 지금의 성숙기는 안정과 모색이 공존하는 시기고 그 균형이 오히려 더 좋다.

하지만 성숙기 이후에는 자연스럽게 쇠퇴기가 따라온다. 제품이든 사람이든 주기가 있다. 경영학에서는 쇠퇴기에 접어든 제품에는 추가 투자를 줄이고 조용히 시장에서 퇴장시킬 것을 권한다. 한정된 자원을 신제품과 성장기 제품에 재배치해야 하기 때문이다. 물론 새로운 용도를 찾아 수명을 연장하는 사례도 있지만 일반적으로는 은퇴를 준비하는 전략이 자연스럽다.

나는 이제 정년을 앞두고 은퇴 이후의 삶을 준비해야 하는 단계에 들어섰다. 누가 계획을 묻는다면 웃으며 이렇게 말한다. "놀아야지요." 요즘은 잘 놀기를 연습 중이다. 연구실로 매일 가지 않기, 목적 없이 산책하기, 가만히 있는 시간을 허락하기처럼 소소하지만 중요한 훈련이다. 은퇴를 단절이 아닌 새로운 국면의 시작으로 만들기 위한 연습이다.

무엇보다 중요한 것은 건강이다. 활기차게 쇠퇴기를 보내기 위해서는 신체적, 정신적 기초 체력이 뒷받침되어야 한다. 교수로서 첫 10년을 마치고 적금을 찾았을 때 멋진 스포츠카를 살까 고민했다. 그러나 아내의 권유로 스포츠카 대신 스포츠센터 회원권을 끊었다. 그 선택은

·인생 최고의 투자였다. 20년 넘게 꾸준히 운동을 한 덕분에 큰 병치레 없이 강단에 섰고 오랜만에 만난 제자들이 "교수님은 왜 이렇게 변함이 없으세요?"라고 말할 때마다 흐뭇했다. 순간의 욕망 대신 장기적 투자 결정이야말로 나를 가장 멀리, 가장 건강하게 데려다준 선택이었다.

성숙기의 경쟁은 차별화로 극복해야 하며 쇠퇴기는 건강과 준비로 맞이해야 한다. 기업이 제품 수명 주기를 관리하듯 개인도 자신의 생애 주기를 전략적으로 설계해야 한다. 나에게 차별화는 커리어를 단단하게 지탱해준 힘이었고 건강관리는 은퇴 이후의 시간을 활기차게 열어줄 기반이다. 차별화와 준비는 인생의 어느 단계에서든 경쟁력을 유지하는 든든한 인생 전략이다.

성장과 성찰

Growth & Reflection

✦

인생의 경쟁력은 속도가 아니라
리듬을 지키는 데서 나온다

첫아이의 탄생과
아이들의 장래 희망

23시간의 진통 끝에 첫아이가 태어난 순간, 내 감정은 영화에서 흔히 보는 눈물과 감동과는 거리가 멀었다. 시뻘겋고 쭈글쭈글한 외모가 마치 영화 속 외계인 같았다. "이게 정말 내 아이구나!"라는 신기함이 먼저였고 그다음 밀려온 건 어깨 위로 내려앉는 무게감이었다. 이 아이를 내가 먹여 살려야 한다. 하루라도 빨리 박사과정을 마치고 가장으로서 제 역할을 해야 한다는 책임감이 거칠게 올라왔다. 나중에 유학생들끼리 술 한잔 기울인 자리에서 그 묵직한 감정이 나만의 것만은 아니란 것을 알았다. 1990년대까지 박사과정 유학생의 대부분은 남자였고 그중 상당수는 집안의 장남이었다. 유학 자체가 집안의 명예고 그만큼 책임도 컸다. 그래서였을까, 행복을 마음껏 누리는 데 우리는 익숙하지 않았다. 기쁨도 절제하던 시대였다.

하지만 아이들은 전혀 다른 시각으로 세상을 받아들였다. 큰아이가 미국에서 초등학교 1학년일 때 담임선생님이 장래 희망을 묻자 녀석은 주저 없이 이렇게 말했다. "저는 커서 Ph.D.(박사)가 되고 싶어요." 선생님은 너무 놀랐다고 했다. 또래 아이들이 'doctor(박사 또는 의사)'라고 말하는 경우는 있어도, 'Ph.D.'이라는 단어를 정확히 쓰는 경우는 처음이라며. 그런데 그 이유가 더 걸작이었다. "Ph.D.가 되면 TV를 마음껏 볼 수 있으니까요."

이 대답에는 큰아이만의 정확한 관찰과 논리가 들어 있었다. 아이가 태어났을 때 나는 박사 종합시험을 통과한 뒤 연구가 조금 수월해진 시기였고 아내는 막 박사과정을 시작해 정신없이 바쁘던 때였다. 방과 후에 아이를 데려와 놀며 나는 종종 소파에서 멍하니 TV를 보곤 했다. 반면 아내는 언제나 책상 앞에서 연구를 이어 갔다. 아이의 눈에는 'Ph.D. = 집에서 TV를 보는 사람'으로 보였던 것이다. 맥락을 모르면 황당하게 들릴 수 있으나 아이만큼 현실을 있는 그대로 본 사람도 없었다.

둘째 아이의 장래 희망은 더욱 구체적이었다. "덜 일하는 고려대학교 교수요." 이유 역시 분명했다. 아빠는 집으로 일을 가져오지 않고 쉬는 데 집중하는 반면 엄마는 늘 일을 집으로 가져와 밤낮으로 책상 앞에 앉아 있었기 때문이다. 또렷한 관찰, 명쾌한 결론. 아이들은 어른 보다 훨씬 정확하게 세상을 읽는다.

아이들의 에피소드는 단순히 귀여운 일화로만 끝나지 않는다. 사람 은 자신이 보고 경험한 것에 근거해 세상을 이해한다. 맥락을 모르면 판단이 쉽게 왜곡된다. 경영에서도 마찬가지다. 회사의 1세대 창업자 들이 자신의 경험만을 절대적 기준으로 여기고 2세대 경영자의 새로 운 관점을 신뢰하지 못할 때 반드시 갈등이 생긴다. 서로의 사고 체계 가 다름을 인정하지 않으면 조직은 미래 경쟁력을 잃는다.

부모와 자식의 관계도 동일하다. 어른이 먼저 마음을 열지 않으면 아이들은 자신만의 생각을 숨기기 시작하고 대화의 문은 천천히 닫힌 다. 큰아들의 'Ph.D. = TV 자유', 둘째의 '덜 일하는 교수'라는 장래 희 망은 단지 귀여운 농담이 아니다. 아이들은 언제나 부모의 삶의 방식 을 해석하고 그것을 통해 세상의 구조를 배운다.

첫아이가 태어나며 느꼈던 책임감과 아이들이 보여준 천진한 장래 희망은 한 가지 교훈으로 모아진다. 가정에서든 조직에서든 다음 세대 는 지금 세대의 모습을 보고 자란다. 우리는 그들의 미래를 말뿐 아니 라 행동으로 보여주며 형성한다. 절제만이 미덕이던 시대에서 감정의 균형과 솔직함을 중시하는 세대로 넘어오는 흐름 속에서 나는 배운다. 어른도 책임을 다하되 아이들처럼 솔직하게 행복을 누릴 줄 알아야 한다는 것을 배운다.

인생의 목표 함수를 설계하는 기준

"나는 무엇을 위해 살고 있는가?"

아이들의 시선이 우리를 돌아보게 만든다면 어느 정도 삶을 살아낸 어른에게 필요한 질문은 조금 다르다. 첫아이가 태어나며 느꼈던 책임감과 아이들이 보여준 장래 희망의 논리는 결국 이 질문으로 모인다. 나에게 그 질문을 던진 사람은 뜻밖에도 미국에 계신 지도 교수였다.

한림대학교에서 첫 교직을 시작하고 KAIST로 옮긴 초기 3년 동안 나는 가족과 떨어져 지냈다. 아내와 큰아들은 미국에 있었고 나는 춘천과 대전을 오가며 혼자 생활했다. 방학이 되면 미국으로 돌아가 가족을 만나면서 동시에 듀크대학교에서 연구를 이어 갔다. 고단했지만 연구를 지속할 수 있었던 감사한 시기였다.

1996년 여름, 한국에서의 첫 학기가 끝나고 미국에 갔을 때 교수님은 나를 보자마자 이렇게 물었다. "한국에서 행복하니?" 당황스러웠다.

그 시절 나는 생존하느라 정신이 없었고 행복이라는 단어를 떠올려 본 적도 없었다. 잠시 멈칫하다 "네, 행복합니다"라고 답하자 교수님은 짧게 "좋아"라고만 말했다. 설명은 없었지만 그 질문은 오래 남았다.

다음 방학에 다시 갔을 때도 첫 질문은 같았다. 이번에는 주저 없이 "네"라고 답할 수 있었다. 그사이 나 스스로에게 묻는 시간을 충분히 가졌기 때문이다. 행복이라는 단어가 삶에서 어떤 자리를 차지해야 하는지 생각해본 것이다. 어느 시점에서는 삶의 근본적인 목적을 다시 점검해야 한다.

기업은 전략을 설계할 때 가장 먼저 목표 함수(objective function)를 설정한다. 기업의 목표는 전통적으로 이윤 극대화였지만 이익만 좇는 기업은 지속 가능성을 잃는다. 그래서 제약 조건과 이해관계자 효용을 고려하는 시스템적 접근이 필요하다. 개인의 삶도 다르지 않다. 사람들의 목표 함수는 결국 행복 극대화지만, 이 역시 책임·관계·배려라는 제약 조건 위에서만 성립한다. 타인의 희생을 대가로 한 행복은 지속될 수 없다.

행동 경제학에서는 인간이 완벽한 '최적'을 찾기보다는 지속 가능한 '만족'을 선택한다고 말한다. 인생에서도 마찬가지다. 완벽한 선택을 찾기보다 지속 가능한 선택을 반복하는 것이 훨씬 더 현실적이다. 이것이 목표 함수를 제대로 설정한다는 의미다.

"이 선택이 내 장기 효용을 높이고 결국 나를 더 행복하게 만드는 가?" 중요한 결정을 내릴 때마다 스스로에게 되묻는다. 기업이 목표 함수를 잘못 설정하면 전략 전체가 왜곡되듯 개인도 잘못된 목표 함수로 살면 번아웃과 후회를 반복한다. 인생이라는 장기 전략 게임에서는 목표 함수 자체를 제대로 다시 세우는 일이 가장 본질적인 전략이다.

지도 교수님의 질문은 단순한 안부가 아니었다. "행복을 목표 함수로 설정하고 있는가?"라는 묵직한 메시지였다. 선택의 기준을 다시 정

내 인생의 목표 함수를 다시 쓰는 질문

전략은 목표가 분명할 때 힘을 갖는다. 목표 함수가 뚜렷하지 않으면 노력을 많이 해도 방향이 어긋난다. 어른의 성장은 '더 열심히'가 아니라 '무엇을 위해'라는 재정의에서 시작된다.

· 핵심 가치 정렬
지금 내가 진짜로 극대화하려는 가치는 무엇인가?

· 제약 조건 명료화
내 목표가 지켜야 할 제약 조건은 무엇인가? (가족, 건강, 관계, 윤리)

· 장기 효용 점검
이 선택은 3년 뒤, 10년 뒤의 나에게도 효용을 주는가?

· 기회비용 인식
내가 지금 선택하지 않기로 한 것은 무엇이며 그 대가는 감당 가능한가?

리해주는 질문이다. 아이들이 세상을 해석하듯 연구자가 데이터를 해석하듯 사람은 누구나 자신만의 목표 함수를 따라 살아간다. 그 목표가 행복이라면 행복을 향해 나아가는 선택도 더 선명해진다.

리듬을 잃지 않는 삶의 경영학

행복을 삶의 목표 함수로 삼기로 한 뒤 한 가지를 더 발견했다. 행복은 거창한 사건에서 오지 않는다는 사실이다. 대부분은 아주 작은 습관과 반복되는 일상의 리듬에서 생겨난다. 몸과 마음의 리듬이 무너지면 행복도 쉽게 깨진다.

나는 "어떻게 체형이 늘 비슷하냐"는 질문을 자주 듣는다. 특별한 비결은 없다. 과식하지 않고 꾸준히 운동한다. 모든 관리의 기초는 단순함에 있다. 그런데 단 한 번 예외가 있었다. 2016년 AMP 주임교수를 맡으며 불규칙한 저녁 약속이 일상처럼 이어졌다. 밤 9시 이후 음식을 먹는 일이 반복되자 불과 한 학기 만에 7킬로그램이 늘었다. 바지 단추가 채워지지 않는 순간, 문제가 갑자기 찾아온 것이 아니라는 것을 깨달았다. 몸은 이미 오래전부터 신호를 보내고 있었고 내가 그 신호를 무시한 결과였다.

학기가 끝나자마자 7주간의 집중 다이어트를 시작했다. 탄수화물, 지방, 설탕을 극도로 줄이고 물 2.5리터, 단백질 위주의 식단을 구성했다. 아침 사과 하나, 점심 사과 하나, 저녁 단백질 200그램. 초반에는 늘 배가 고팠고 예민해졌다. 3주 차가 넘어서자 몸이 조금씩 새로운 리듬을 만들기 시작했고 결국 10킬로그램을 감량했다. 하지만 진짜 중요한 것은 그 후다. 감량보다 더 어려운 것이 유지였기 때문이다.

유지의 과정은 경영학적으로 보아도 흥미롭다. 행동 경제학에서 말하는 전망 이론(Prospect Theory)은 사람들이 손실을 얼마나 싫어하는지 설명한다. 사람은 확실한 손실을 피하기 위해 때로는 불합리한 선택도 감수한다. 요요를 피하려는 마음은 손실 회피 경향과 닮아 있다. 다시 극단적 다이어트를 반복하는 상황을 나는 손실로 인식했기에 평소의 미세한 조절과 조그만 절제를 습관화할 수 있었다. 작은 관리가 큰 손실을 막는다는 사실을 몸으로 배운 셈이다.

기업도 다르지 않다. 대부분의 위기는 어느 날 갑자기 오는 것이 아니다. 고객 이탈의 초기 징후, 신제품 판매의 작은 흔들림, 내부 구성원의 미묘한 피로감 같은 신호가 존재한다. 하지만 많은 조직이 "조금 더 지켜보자"는 말로 미루며 위기를 키운다. 전략 경영에서는 이를 조기 경고의 실패라고 부른다. 초기 신호를 잡는 눈이 있느냐 없느냐가 생존을 가른다.

좋은 계획은 언제나 작은 데이터, 작은 신호, 작은 관찰에서 시작된다. 몸의 신호든 시장의 신호든 사소해 보여도 무시해서는 안 된다. 요요를 겪지 않는다는 것은 단순한 체형의 문제를 넘어 인생을 대하는 태도다. 큰 변화보다 작은 균형을 중요하게 여기는 태도, 극단적 선택보다 지속 가능한 리듬을 우선하는 태도, 무엇보다 '다시 돌아가고 싶지 않은 손실'을 기억하는 태도다. 삶의 유지 관리도 경영이다. 균형을 잃지 않는 일상, 제때 읽는 작은 신호, 무너지지 않는 리듬 등과 같은 사소한 선택의 합이 행복의 목표 함수를 지켜준다.

리더의 편견이 조직에 미치는 영향

첫째 아이는 그림을 무척 좋아했다. 유치원 때부터 유화를 그렸고 초등학교 1학년에는 동네 미술 학원에 다니기 시작했다. 몇 달 뒤 원생 전시회가 열린다는 초대장이 왔다. 전시장에 들어서자마자 단번에 아이의 그림을 알아볼 수 있었다. 대부분의 아이들은 하늘, 바다, 해변이 위에서 아래로 차례로 놓인 비슷한 구도를 그렸다. 첫째 아이의 그림만 정반대였다. 멀리 산이 있고 중간에 해변이 있으며 바다가 가장 앞에 있었다. 시각의 전환이 돋보이는, 자기만의 관찰이 담긴 그림이었다. 그런데 학원에 보낸 지 며칠 되지 않아 부모 상담 요청이 왔다. 아내는 혹시 미술 천재라는 이야기를 들을까 기대했지만 돌아온 말은 전혀 예상 밖이었다. "아이가 정상이 아닌 것 같으니 정신과 진료를 받아보세요."

이유는 사람을 그리는 순서 때문이었다. 발, 다리, 몸통, 팔, 얼굴 순으로 그린다는 것이다. 지금 생각해도 납득할 수 없다. 아이가 그린 사람은 전혀 불균형하지도 기괴하지도 않았다. 단지 선생님이 정상이라고 정한 틀에서 벗어났을 뿐이었다. 당시 환경을 고려하면 아이에게는 한국으로의 이주, 생활 변화 등 정서적 변화가 있었을 가능성도 있다. 그러나 그 어떤 맥락도 살피지 않은 채 며칠 관찰하고 내린 단정적인 진단은 그 자체로 편견이다. 편견은 결국 아이의 가능성을 꺾었다.

첫째는 6개월 만에 학원을 그만두었고 그 후로는 유화를 그리지 않았다. 시간이 흐르면서 그림 자체에 흥미를 잃었다. 부모로서 안타까웠지만 나는 아주 중요한 사실을 깨달았다. 협소한 기준과 고정관념이 한 사람의 가능성을 쉽게 위축시킬 수 있다는 것을 말이다.

교육뿐 아니라 조직에서도 마찬가지다. 리더가 가진 편견은 구성원의 창의적 시도를 제약하고 조직의 경쟁력을 약화시킨다. 다양성과 포용성의 문제다. 새로운 시각을 인정하고 남들과 다른 접근을 장려할 때 혁신이 시작된다. 발부터 그린 아이의 그림처럼 낯설고 비정형적으로 보이는 선택이 차별화의 씨앗이 될 수 있다. 반대로 정상이라는 잣대를 기준으로 획일성을 강요하면 조직은 평균값의 벽을 넘지 못한다.

다섯 살 무렵 아이가 그린 추상화 같은 유화를 식탁 옆 벽에 걸어두고 매일 본다. 그림에는 첫째의 시각, 가능성, 한 아이의 창의성을 둘러싼 편견의 흔적까지 모두 새겨져 있다. 그림은 늘 같은 메시지를 준다. "다름을 인정하는 것이 곧 성장의 시작이며 창의성은 정상이라는 틀 밖에서 자란다."

최근 다섯 살 된 첫째 손녀가 그림에 재능을 보이는 것을 보며 생각한다. 이것이 우연일까, 유전의 힘일까. 답은 중요하지 않다. 중요한 것은 다음 세대를 바라보는 시선이 열린 마음에서 출발해야 한다는 것이다.

세상과 함께 뛰는 법을 배우는 팀 스포츠

아이를 키우며 지키고자 했던 원칙이 있다. 만 5세가 되어 숫자 감각이 자리 잡기 시작하면 피아노를 가르치고 놀이 속에서 수학과 경제 개념을 자연스럽게 익히게 하는 일이다. 음악과 수학은 평생을 지탱하는 사고의 구조를 만드는 기반이라고 믿었기 때문이다. 아이들은 유난히 덩치가 작은 편이라 태권도도 꾸준히 시켜 유단자까지 올려놓았는데 많은 활동 중 가장 강조한 것은 운동, 팀 스포츠였다.

주말이면 축구공을 들고 놀이터로 향했고 방학 때면 농구와 야구를 번갈아 하며 아이들에게 몸을 쓰는 감각, 친구와 함께 뛰는 리듬을 자연스럽게 익히게 했다. 왜 하필 팀 스포츠였을까? 개인 종목은 기술과 성취가 뚜렷하게 드러나지만 팀 스포츠에는 사람을 성장시키는 다층적인 힘이 숨어 있다. 규칙을 지키는 훈련, 팀원과 소통하는 법, 때로는 리더로서, 때로는 팔로워로서 역할을 맡으며 균형을 배우는 경험, 이 모든 과정이 훗날 아이가 갖게 될 재능과 자질의 바탕이 된다.

1994년 듀크대학교에서 시간강사를 맡았을 때의 일이다. 수업이 끝난 뒤 산처럼 큰 체격의 학생이 다가와 "다음 주 경기가 있어 결석해야 한다"고 말했다. 미식축구 수비수라고 했다. 자기 팀에서 또 한 명이 내 수업을 듣고 있다며 이름을 언급했는데 놀랍게도 그 학생은 중간고사 1등을 한 학생이었다. 포지션은 쿼터백으로 지능, 순발력, 판단력이 동시에 요구되는 자리다. 그 순간 무릎을 칠 만큼 선명하게 깨달았다. 한국에서는 "공부는 제쳐 두고 운동만 한다"는 틀에 갇힌 선수의 전형을 수없이 봤는데 미국의 학생 운동선수들은 운동과 학업을 모두 높은 수준에서 병행하고 있었다. 운동선수라 학업에 소홀할 것이라는 나의 관념은 오래된 편견이었다. 그들에게 팀 스포츠는 단순한 경기가 아니라 인성, 협력, 자기 관리, 리더십이 동시에 작동하는 거대한 플랫폼이었다.

MIT의 토마스 맬론(Thomas Malone)은 협업을 집단 지능을 극대화하는 구조라고 표현했다. 즉, 최종 성과는 개인 능력의 합이 아니라 팀이 얼마나 효율적으로 서로에게 신호를 주고받으며 움직이느냐에 달려 있다는 뜻이다. 쿼터백과 수비수, 벤치에 있는 선수까지 각자의 역할을 조율하는 방식은 기업의 팀 운영과 매우 유사하다. 잘 설계된 팀 스포츠는 일종의 현장형 조직개발(OD) 프로그램이었던 셈이다.

아이들은 공부도 운동도 사람도 놓치지 않는 방식으로 성장시키자고 마음속으로 조용히 결심했다. 그 결심은 무모한 열정이 아니라 아이들을 균형 잡힌 사람으로 만드는 데 중요한 기준이 되었다. 큰아이는 배구 팀에서 세터로 뛰며 주장 역할을 맡았고 작은아이는 단거리 육상에서 강한 존재감을 보였다. 둘 다 고등학교 시절 학생회장을 맡아 책임감과 조정 능력을 자연스럽게 몸에 익혔다. 사춘기? 지나치게 반항적으로 흐르지 않았다. 그들의 체력, 소통력, 리더십이 어릴 때 몸으로 배운 팀 스포츠에서 비롯된 것이라 믿는다.

기업의 리더십 교육에서도 비슷한 이야기를 반복한다. "탁월한 개인 능력만으로는 충분하지 않습니다. 팀을 움직일 수 있어야 진짜 리더입니다." 조기 학습보다 팀 스포츠에서 배우는 협력과 책임이 장기 성과를 더 높인다는 연구는 수없이 많다. 하버드의 로버트 퍼트넘(Robert Putnam)은 공동체 경험을 사회적 자본이라 부르며 개인의 성공 확률을 높이는 가장 확실한 요인 중 하나라고 설명한다. 어린 시절의 팀 스포츠는 사회적 자본을 축적하는 첫 번째 무대다. 그 안에서 배우는 규칙, 역할 수행, 타협, 배려, 승리와 패배의 감정은 나중에 조직과 사회 속에서 스스로를 지탱하는 근육이 된다.

어릴 때 팀 스포츠를 경험한 아이는 단지 운동을 한 아이가 아니라 세상과 함께 뛰는 법을 배운 아이다. 그 배움은 교과서가 줄 수 없는 삶 전체를 지탱하는 힘이다. "운동장에서의 작은 역할이 평생의 리더십을 만든다"는 말은 진부한 문구처럼 들리지만 내 경험과 아이들의 성장을 겹쳐 보면 지극히 명확한 진실이다.

성공적인 대학 생활을 만드는 3개의 축

"교수님, 성공적인 대학 생활은 어떻게 하면 되나요?"

어느 날 한 학생이 진지한 표정으로 물었다. 단순해 보이는 질문이지만 대학이라는 조직의 본질과 개인의 성장을 동시에 묻는 꽤 깊은 질문이었다. 잠시 생각하다가 이렇게 답했다.

"대학 생활에는 세 가지 축이 있습니다. 공부, 사람, 그리고 사랑. 이 셋의 비율은 사람마다 다르지만 세 축을 어떻게 설계했느냐가 결국 대학 이후의 삶을 결정합니다."

나는 먼저 공부를 떠올렸다. 대학에서 공부란 단순한 지적 훈련이 아니라 일종의 자기 관리 시스템이다. 목표를 세우고 자원을 배분하고 실행력을 유지해야 하니 말 그대로 프로젝트다. 실제로 한 학기 동안 4.5 만점을 만들어내는 학생들은 체계와 절제를 몸에 익힌 사람들이다. 학장 시절 그런 학생들을 시상하는 자리에서 나는 이렇게 말했다. "여러분이 다시 이 자리에 오지 않기를 바랍니다."

학생들은 처음에는 당황하지만 이어진 설명을 듣고는 고개를 끄덕였다. 완벽한 성적을 만드는 과정에서 분명 포기한 것이 많았을 테고 대학은 점수만으로 환산되지 않는 경험을 품고 있기 때문이다. 기업에서 재무 성과만 강조하면 브랜드나 고객 경험이 무너지는 것처럼 대학 생활에서도 성적만으로는 완성되지 않는 영역이 있다.

"옆자리 친구가 평범해 보인다고 정말 평범하다고 확신할 수 있을까요?" 대학은 비슷한 지적 능력을 가진 이들이 모이는 작은 사회다. 여기에서 형성된 관계는 생각보다 훨씬 오랫동안 인생에 영향을 준다. 동기들 중에도 학생 때는 눈에 띄지 않았지만 사회에 나와 굵직한 업적을 남긴 사람들이 적지 않다. 인적 네트워크는 단기적 효용이 아니라 복리로 쌓이는 자산이라는 사실을 시간이 지나면 알게 된다. 이런 관계 자본은 기업의 장기 가치와 직결되는 요소로 본다. 개인도 마찬 가지다. 좋은 사람들과의 관계는 인생의 장기 경쟁우위를 만든다.

마지막 축은 많은 학생들이 가장 망설이는 단어, 연애다. 연애는 경 영학적으로 보면 흥미로운 투자다. 불확실성과 감정의 변동성이 크지 만 성공했을 때의 보상은 그 어떤 자산보다 크다. 무엇보다 조건을 따 지지 않는 진솔한 사랑은 사회에 나와서는 점점 하기 어렵다. 이해관 계, 현실, 안정성 같은 고려 요소가 자연스럽게 따라붙기 때문이다.

대학 시절의 연애는 그래서 더 순수하고 때로는 위험하며 더 배움 이 된다. 어떤 학생은 연애 때문에 학점을 망치고 친구를 잃기도 한다. 그 경험이 당신을 자라게 했다면 이미 값진 투자다.

만약 세 축 중 하나만 고르라면 무엇을 고를 것이냐는 질문을 받으 면 고민 없이 이렇게 말한다. "사람입니다." 공부는 다시 시작할 수 있 다. 연애도 다시 시작할 수 있다. 그러나 사람은, 좋은 사람은 다시 만 나기 어렵다. 인생은 결국 관계의 모자이크다. 대학 시절에 만난 친구 몇 명이 평생의 동료가 되고 새로운 기회를 열어주고 때로는 무너진 마음을 붙잡아 준다. 기업이 기술이나 자본보다 사람을 경쟁력으로 삼 듯 개인도 결국 주변 사람들이 만들어주는 환경에서 성장한다.

"대학은 성적표가 아니라 당신의 첫 번째 사회입니다. 어떤 사람들과 연결되느냐가 앞으로의 당신을 결정합니다." 성공적인 대학 생활은 화려한 스펙이 아니라 균형을 이해하고 관계의 가치를 배우고 자신만의 리듬을 찾는 시간이다. 리듬을 찾은 사람은 대학 이후의 삶에서도 흔들림 없이 자신만의 길을 걸어간다.

공부, 커리어, 삶의 균형에 대한 성찰

박사과정 학생들을 지도하면서 마케팅 전공의 특성 때문인지 연구실에 남학생보다 여학생이 더 많음을 눈치채는 것은 어렵지 않았다. 그런데 유난히 여학생들은 학위를 취득할 때까지 연구실과 도서관 밖으로 잘 나가지 않았다. 학문 외의 일은 뒤로 미루어야 할 것에 속했고 결혼이나 연애는 아예 논외였다. 지도 교수의 시선도 부담되었을 것이다. 연구에 몰두하는 학생이라는 이상적인 역할이 이미 공기처럼 깔려 있었기 때문이다. 학위를 마친 뒤에 혼기를 놓치거나 결혼을 미루다 포기하는 경우가 적지 않았다. 그 풍경은 늘 마음에 남았다.

공부에 몰입하는 태도를 나무랄 수는 없다. 그러나 학문을 위해 삶 전체를 희생하는 문화가 과연 옳은가라는 질문은 계속 남는다. "고3 수험생도 아닌데 공부하는 것이 어떤 특권처럼 느껴진다면 그건 착각이다. 공부는 너희가 선택한 업이고 선택에는 책임이 따른다. 그 책임 속에는 평범한 삶도 함께 있어야 한다." 제자들에게 자주 하는 말이다.

시간이 지나면서 단순한 조언이 아니라 실제 사례로 증명되기 시작했다. LG전자에서 커리어를 시작했던 석사 제자가 하나 있다. 여성 임원이 되겠다는 큰 꿈을 품고 현장에서 열심히 일하던 학생이었다. 시간이 흐르자 다시 공부하고 싶다는 열망이 커져 박사과정에 진학했다. 주변에서는 "그 시기에 결혼까지 병행할 수 있겠느냐"고 걱정했지만 그녀는 자신의 리듬대로 사랑과 연구를 함께 했다. 박사과정 중 결혼을 하고 출산과 휴학이라는 만만치 않은 시간을 보내며 논문을 완성했다. 지금은 국립대 교수로서 자기 삶을 단단히 꾸리고 있다. 그녀의 성취는 특별한 대우를 받은 결과가 아니라 스스로 선택한 길을 책임진 태도에서 비롯된 것이다.

박사과정을 시작할 때 선배에게 들었던 말이 있다. "졸업식에서 졸업장만 들고 서 있을 거야? 아이를 안고 같이 찍어야지." 농담처럼 들렸지만 분명한 메시지가 담겨 있었다. 공부를 핑계로 인생을 미루지 말라는 뜻이다. 우리 부부는 공부와 함께 첫아이를 맞이했다. 낮에는 강의와 연구에 쫓기고 밤에는 아이의 울음을 달래야 하는 시간이 반복됐다. "우리가 잘 선택한 걸까?" 고민한 날도 많았다. 그러나 박사 가운을 입고 아이와 함께 사진을 찍던 순간, 학문과 삶을 함께 품은 결정이 옳았다는 것을 알았다.

교수는 수많은 직업 중 하나다. 연구직을 선택할 때도 연봉, 승진, 삶의 리듬 같은 현실적 조건을 냉정하게 보아야 한다. 공부를 업으로 택했다고 해서 삶의 다른 부분에서 예외를 요구할 수는 없다. 이는 자기 리더십(self-leadership)과 맞닿아 있다. 스스로 목표를 세우고 자신의 행동을 조율하며 삶의 여러 영역을 균형 있게 유지하는 힘. 이것이 리더십의 가장 기본적인 형태다.

오늘날 조직 문화가 강조하는 가치가 하나 있다. 바로 워라밸(work-life balance)이다. 더 이상 휴식이 사치가 아니다. 개인의 행복뿐 아니라 지속 가능한 성장을 위한 필수 조건이다. 기업 역시 워라밸을 존중할 때 더 창의적인 성과를 낸다. 대표적인 사례가 구글의 '20퍼센트 룰'이다. 주어진 시간을 모두 회사 일에만 쓰도록 강요하는 대신, 직원 스스로 원하는 문제를 탐구하는 데 시간을 쓸 수 있도록 했다. 그 결과 지메일과 구글 뉴스 같은 혁신이 탄생했다. 넷플릭스는 휴가 제한조차 두지 않는다. 자율을 존중할 때 오히려 성과가 높아진다는 사실을 잘 알고 있기 때문이다.

연구자의 세계도 다르지 않다. 공부만 붙잡고 살아야 더 좋은 성과가 나온다는 믿음은 오래된 오해다. 사랑, 결혼, 육아, 인간관계 같은 삶의 경험이 연구를 더 풍성하게 만든다. 경영학에서도 지속 가능성은 효율이 아니라 리듬에서 온다고 말한다. 사람의 리듬, 조직의 리듬, 삶의 리듬이 맞춰질 때 창의성이 발현된다.

젊을 때는 불안하다. 불안하기 때문에 자신만큼은 예외적 대우가 필요하다고 생각하기도 한다. 하지만 삶의 조건은 크게 다르지 않다. 특별한 삶을 살지 않는 한, 사람들은 모두 비슷한 조건 속에서 자기 길을 만들어 간다. 공부 역시 특권이 아니다. 선택이고 책임이며 균형의 문제다. 균형의 다른 이름이 바로 워라밸이다.

삶을 미루며 성취한 학문은 오래가지 않는다. 삶과 함께 가는 학문만이 지속된다. 공부가 인생의 중심이 될 수는 있지만 인생 전체가 공부에 종속되어서는 안 된다. 공부와 커리어와 삶이 한 사람 안에서 균형을 이루는 순간, 비로소 그 사람은 삶의 훌륭한 경영자가 된다.

알찬 하루를 만드는 시간 경영의 비결

"오늘은 참 알찼다"라는 느낌을 받을 때가 있다. 곰곰이 생각해 보면 알찼다는 말의 의미는 단순히 많은 일을 했다는 것이 아니다. 내가 원하는 바를 이루었을 때, 그 과정에서 시간과 에너지를 잘 썼다고 느낄 때 비로소 알찬 하루라고 말할 수 있다.

경영학에서는 이를 목표를 달성했는가를 묻는 효과성과 목표를 이루되 최소한의 자원과 시간을 투입했는가를 묻는 효율성으로 구분한다. 사람들은 흔히 효과성에만 주목한다. 시험에서 점수를 잘 받는 것, 프로젝트를 완수하는 것, 보고서를 제때 제출하는 것. 그러나 효율성을 고려하지 않으면 그 과정에서 불필요하게 소모되고 지친다.

모로 가도 서울만 가면 된다는 속담은 효과성만 강조한 표현이다. AI 시대에 이런 태도로는 버티기 어렵다. 변화의 속도가 너무 빠르기 때문에 목표만 이루는 것에 그치지 않고 "어떻게 더 효율적으로 이룰 것인가"가 경쟁력이 된다.

시험 준비를 예로 들어 보자. 미리미리 공부해 두면 여유 있게 시험을 볼 수 있지만 벼락치기를 한다면 최소한의 시간 투입으로 최대 성과를 기대하는 셈이다. 공부한 범위가 시험 문제와 맞아떨어진다면 최고로 효율적인 결과다. 운에 의존하는 방식이라 권장할 수는 없지만 효율성을 잘 설명하는 사례기도 하다. 일상에서 늘 효율성과 효과성 사이의 균형점을 찾아야 한다.

학점에도 이 균형은 그대로 적용된다. 어떤 학생은 장학금 기준이 평점 3.5라면 그것만 맞추고 나머지 시간은 동아리 활동, 인턴 경험, 자격증 공부 등에 투자한다. 또 다른 학생은 많은 과목에서 A+를 받아 평균 4.2를 만든다. 겉보기에 후자가 더 뛰어나 보일 수 있지만 경영학적으로 보면 꼭 그렇지 않다. 장학금이라는 같은 목표를 달성했음에도 후자가 과도한 자원을 투입했다면 비효율적이라고 볼 수 있다. 오히려 평점 3.5로 장학금을 받고 남은 시간을 경험과 네트워크 형성에 쓴 학생이 장기적으로 더 많은 경쟁력을 얻을 수 있다.

효율성을 높인다는 것은 단순히 게으르게 굴라는 이야기가 아니다. 목표를 이루는 데 필요한 최소한을 정확히 파악하고 불필요한 과잉투자를 줄이는 것이다. 기업도 마찬가지다. 같은 제품을 생산하더라도 원가를 줄이고 시간을 단축하고 품질을 유지한다면 그 기업은 효율적이다. 결국 효율성은 곧 경쟁력이다.

개인의 하루도 이와 다르지 않다. 학점과 업무 성과, 운동과 인간관계 등에서 무엇에 얼마만큼의 시간과 에너지를 쓸지 스스로 경영해야 한다. 목표만 이루는 데 급급한 하루는 효과성만 충족한 날이다. 같은 목표를 더 효율적으로 달성하고 남는 자원을 자기 계발이나 휴식, 관계 형성에 쓸 수 있다면 그날은 더 알찬 하루가 된다.

효과성만 추구하면 성취는 있을 수 있지만 번아웃이 쉽게 온다. 그러나 효율성을 곁들이면 성취와 여유를 동시에 누릴 수 있다. 알찬 하루란 곧 효율성과 효과성의 균형 위에서 성취와 만족을 함께 얻은 하루다.

무너지지 않는 리듬을 만드는 유지 관리 점검

성장은 어느 날의 사건이 아니라 매일의 리듬에서 나온다. 큰 결심보다 중요한 것은 작은 신호를 제때 읽는 능력이다. 유지는 개인의 의지가 아니라 시스템의 문제다. 지속 가능하게 설계된 하루가 결국 인생을 지탱한다.

- **조기 신호 탐지**
  내 몸과 마음이 보내는 작은 경고 신호는 무엇인가?

- **과잉투자 차단**
  같은 목표를 위해 나는 지금 자원을 과하게 쓰고 있지 않은가?

- **핵심 루틴 고정**
  바빠도 반드시 지키는 최소한의 루틴은 무엇인가?

- **손실 회피 활용**
  내가 다시 돌아가고 싶지 않은 손실은 무엇이며 이를 막는 장치는 있는가?

지금의 나를 부러워하는 수많은 눈

인생에서 다시 돌아가고 싶은 시기가 있느냐고 묻는 질문에 대한 내 대답은 여전하다. 20대의 대학 시절도, 30대의 사회 초년생 시절도, 심지어 청소년기 역시 돌아가고 싶지 않다. 불확실한 미래 앞에서 매일 불안과 씨름하며 정답을 찾으려 애쓰던 시간은 이미 충분히 겪었다. 지금의 나는 예전만큼 건강하고 패기 넘치지는 않지만 현재가 훨씬 낫다. 안정 속에서 쌓아 온 경험, 관계, 성취가 오늘의 나를 단단하게 떠받치고 있기 때문이다. 굳이 욕심을 내자면 사회적으로 인정받으며 힘 있게 나아가던 40대 초반쯤으로 돌아가 볼까 잠시 상상할 뿐이다.

돌아보면 청소년기부터 30대까지는 크고 작은 위기가 끊임없이 찾아왔다. 목표를 이루지 못해 좌절하기도 하고 도저히 버티기 힘들다 느낀 순간도 많았다. 하지만 주저앉지 않고 앞으로 한 걸음씩 나아가다 보니 결국 살아남았다. 이제 이렇게 말할 수 있다. 성공은 거창한 성취가 아니라 끝내 살아남은 사람에게 주어지는 이름이라고.

박사 학위를 마친 서른 즈음은 인생에서 가장 어두웠던 터널이었다. 학위를 취득했다고 해서 모든 것이 해결된 것은 아니었다. 그 순간부터 더 막막한 현실이 펼쳐졌다. 직장을 구해야 했다. 1년 반 동안 미국의 대학과 기업에 300통이 넘는 이력서를 보냈지만 면접 기회를 얻은 곳은 손에 꼽을 정도였다. 당시 미국 경제 상황은 좋지 않았고 외국인에게 취업의 문은 거의 닫혀 있었다. 많은 면접에서 첫 질문이 영주권 여부로 시작되면 그날의 기회는 사실상 끝난 것이나 다름없었다. 세 살 된 아이를 생각하면 더 절박해졌고 연구실에서 미국인 동기들과 후배들의 시선을 의식하며 위축된 마음으로 버티는 나날은 절망에 가까웠다.

그러던 어느 날 미국인 박사 후배의 한마디가 완전히 나를 바꾸었다. "너는 이미 최고 명문에서 박사를 취득한 사람이다. 지금 네 위치에 있고 싶어 하는 사람은 진짜 많아." 후배의 말은 잊고 있던 사실을 떠올리게 했다. 나는 이미 불확실한 관문을 통과한 사람이다. 후배의 시선에서 나를 바라보자 초라하게 움츠러들 이유가 없었다. 오히려 감사해야 했다. 늘 위만 바라보며 부족한 나를 들여다보던 시선을 잠시 아래로 돌려 보니 지금 내가 서 있는 자리의 의미가 다시 보였다. 마음 속에 새로운 원동력이 생겼다.

그 이후 나는 좌절할 여유를 버렸다. 불합격 통보 메일을 셀 수 없이 받으면서도 끝까지 버텼다. 그리고 살아남았다. 그 과정이 지금의 나를 단단하게 만들었다. 그래서 나는 서른 살의 절박했던 시절로 절대 돌아가고 싶지 않다. 지금의 나 자신에게 또 이 자리에 설 수 있도록 버티고 걸어온 과거의 나에게 감사할 뿐이다.

사람들은 종종 위만 바라보며 부족함을 탓한다. 그러나 지금의 나를 부러워하는 수많은 눈이 있다는 것을 한 번쯤 뒤를 돌아보면 보인다. 그 순간 감사는 다시 앞으로 나아갈 힘이 된다.

세대의 시간과 은퇴의 시간

삶을 돌아보면 혼사와 장례가 이어지는 순간마다 세대가 바뀌고 시간이 흐른다는 사실을 실감한다. 누군가는 가정을 꾸리며 새로운 출발을 하고 또 누군가는 세상을 떠나며 한 세대의 장을 마무리한다. 그 사이에 남은 이들은 다시 자기 삶과 가족의 미래를 돌아본다. 인생이란 결국 앞 세대의 발자취를 잇고 다음 세대를 준비하는 과정이라는 것을 수없이 목격했다.

환갑을 넘기니 자연스럽게 은퇴와 노후 자금 이야기가 지인들 사이에서 자주 등장한다. 얼마 전 후배 교수들에게 은퇴 후 얼마의 자산이 있어야 품위 있는 삶을 유지할 수 있을까 물은 적이 있다. 한 후배가 "300억 원쯤은 있어야 하지 않을까요?"라고 답했을 때 순간 측은한 마음이 들었다. 다다익선의 마음을 이해 못 하는 것은 아니지만 현실성이 결여된 계획은 개인의 삶에서도 공허한 마스터플랜에 불과하다. 경영학에서 가장 단단한 전략은 언제나 구체적인 실행성과 현실성에 기반을 두고 있다. 지나치게 낙관적이거나 터무니없는 목표는 투자자를 설득하지 못하듯 인생에서도 아무 의미가 없다.

그 후배가 자산 증식에 적극적이지 않다는 점을 알고 있었기에 더 안쓰러운 마음이 들었다. 저축과 투자라는 기본 공정도 갖추지 않은 상태에서 거대한 목표를 말한다면 그것은 희망 사항이지 전략이 아니다. 우주여행 자금까지 포함해도 설명이 되지 않는 규모이니 말이다. 인생도 하나의 기업이라면 개개인은 각자의 삶을 경영하는 CEO다. 과도하게 비현실적 전략은 기업과 이해관계자에게 부담을 주듯 허황된 목표는 개인과 가족에게 치명적인 불안을 남긴다.

비슷한 질문을 다른 모임에서도 던진 적 있었다. 대부분이 사업가이자 재정적으로 풍요로운 이들이었지만 "언제 은퇴할 계획인가?"라는 질문에 돌아온 답은 거의 같다. "죽을 때까지 일하겠다." 그들의 풍요와는 별개로 앞으로의 삶이 얼마나 고단할지 짐작하게 했다. 경영학에서 지속 가능성은 기업의 미래를 가늠하는 핵심 지표다. 지속 가능성을 해치는 가장 큰 리스크 중 하나가 리더십 교체 지연이다. 적기에 물러나지 못하는 CEO는 결국 건강과 판단력이 둔화되며 기업의 미래를 갉아먹는다.

피터 드러커는 "리더십의 궁극적 시험은 후계자를 세우는 것이다"라고 말했다. 거기에 덧붙이고 싶다. 은퇴는 또 다른 리더십의 시험이며 미래 세대를 위한 전략적 결정이라는 것을 말이다. 젊고 건강하며 기술 감각이 뛰어난 세대에게 경영을 넘겨야 기업이 지속 가능성을 확보하듯 우리의 삶도 마찬가지다.

100세 시대를 맞은 지금, 노후 자금은 단순히 얼마가 있어야 하는

가의 문제가 아니다. 중요한 질문은 이것이다. "나는 어떤 삶을 지속 가능하게 이어 가고 싶은가?"

액수의 많고 적음보다 자신이 원하는 일상의 무게, 지출의 패턴, 가족과 보내고 싶은 시간의 질이 더 본질적이다. 은퇴 후에도 이전의 생활 방식을 유지하고 싶다면 적절한 규모의 자산이 필요하지만 상상을 부풀린 목표는 오히려 심리적 마비를 가져온다. 경영 전략에서도 비용 구조를 현실적으로 조정하여 기업의 생명력을 유지하듯 노후 계획 역시 현실적 기반 위에서 설계해야 한다.

은퇴는 단절이 아니라 확장이다. 직업적 역할에서 물러난다는 것은 하는 일이 줄어드는 것이 아니라 할 수 있는 일이 넓어지는 과정이기도 하다. 사랑하는 이들과 함께할 시간이 늘어나고 오래 미루었던 꿈이나 취미가 실행으로 이어질 수 있는 시기다. 경제적 조건이 이를 뒷받침할 때 은퇴는 두려움이 아니라 기회가 된다.

인생의 마지막 수업은 세대와 세대를 이어주는 지혜다. 안정적이면서도 현실적인 은퇴 준비는 다음 세대에게 건강한 출발선을 제공하고 자신에게는 품위와 의미가 있는 일상을 되찾게 해준다. 삶의 순환 속에서 지속 가능성을 지킬 수 있다는 믿음이 있다면 남은 길은 두려움이 아니라 따뜻하고 단단한 시간의 연속일 것이다.

교실 밖
경영학

발행일   초판 1쇄 2026년 3월 5일

지은이   김상용
펴낸이   김영범

펴낸곳   (주)북새통 · 토트출판사
주소   서울시 마포구 월드컵로36길 18 삼라마이다스 902호 (우)03938
대표전화   02-338-0117
팩스   02-338-7160
출판등록   2009년 3월 19일 제 315-2009-000018호
이메일   thothbook@naver.com

©김상용, 2026

ISBN 979-11-94175-43-8 03320